ゲームの極意が武術の秘伝

ゲーマーが
武道の達人を
目指した結果

真仙 明
Shinsen Akira

BAB JAPAN

目次

第4章　意外な威力を出すには？ ～〝全身一致〟の追究――105

第5章 相手を〝動けなくする〟原理
~反応させないメカニズム―――147

第6章 心と身体は繋がっている
~上達論と鍛錬論―――171

序章

ゲーマーが武道の達人を目指した結果

「プロゲーマーを目指す道は自分にはなかった。それより、何より命を賭けてでも知りたいことがあった」

「分かりづらいものをゲームのように分かりやすくすること、それが自分にとってのテーマだった」

「まったく新しいアプローチによって壁をぶち壊したかった」

「分からないものを解るようにしてしまうことで、どこまでも上達していくヒントとした。そう、それは本当に、どこまでも…」

1 武道を始めたら…

ゲーマーだった私が武道の達人を目指した結果、体重が10キロ以上落ちました。これが一番誰でも分かりやすくて一番周りに見える変化でした。

武道を始める手前の21歳当時、私の身長は168センチメートル。体重は76キロぐらいありました。明らかに太っている。

かなり太り気味とも言うべき人間が、数か月で10キロ以上の減量に成功した訳です。ダイエット効果はまったく狙っていませんでしたが、結果として痩せることに成功しました。66キロ前後ぐらいまで落ちました。

体に筋肉が付くだけではなく、姿勢が正されて、自分に自信が付き、あらゆる面で変化が起こりました。そして、特に精神面での変化は目覚ましいものがありました。信じられないぐらいに自分の精神が明るく、さわやかなものになりました。ここまで変わるのかという驚きがありました。

例えば、ですね……

ゲーマー時代はものすごく視野が狭くて、一つの事に集中したら周りが見えなくなるわけです。それはそれでゲームをする上では良いんですよね。ただ周りが見えないから、極端な話をすると対人関係や社会性のようなものが欠落するんですよね。

話が合わないから友達ができない。一言で言うと、そういうことです。

ところが武道をすると、特に私がやり始めた伝統派空手は姿勢について注意されるわけですが、「背筋を正せ」となる。背筋を正して、ちゃんと立つ。これだけでまったく違うわけです。

視野が広がり、周りが見えるようになりました。

周りが見えると、人が何をやっているのかが分かるようになります。こうなると必然的に他人に興味が湧き、話題が広がるわけです。

武道を始めて姿勢一つ正すだけで、「ここまで人が変わるのか」というほどの変化を経験することになりました。

2 極めることが好きだった

本書は、ゲーマーが武道の達人を目指したらどうなるのかということが主題です。

武道を極めるのには「数十年と掛かる」という常識がありますよね。誰でも大体そういうイメージが刷り込まれていると思います。

正しい師匠について、難しく厳しい鍛錬を耐えに耐えて、何十年もの修練の先にやっと技を極めていく。やがては合気道の達人や空手の達人となるわけです。

ところが、ゲーマーが同じラインに立って武道を始めると、まったく違う現象が起こったんです。見たこともない現象が次々と起こりました。

最初こそ辛かったのですが、ほとんど楽しさしかなかったし、数十年という時間を簡単に超えてしまう方法を見つけてしまったのです。

ゲーマーがそんなことができるのかと思われるかもしれません。

しかし、発想の転換をするだけで、まったく応用可能な方法があったんです。

ゲーマーはゲーマーでも私はちょっと普通のゲーマーではありませんでした。

人から見て、ある意味で狂ってるぐらいのゲーマーでした。

10代後半から5年近く、あるゲーム（後述）を一日中していて、あらゆる社会性を放棄して極めるぐらいにやっていました。

俗にいう「廃人」と呼ばれるタイプのゲーマーでした。

それは戦争のゲームだったんですけどね。

トッププレイヤーたちの動きを分析して、それを積極的に吸収し、世界ランキング10位以内に入るぐらいにまで行きました。

分かりやすく言うと、「悪い意味」で並み大抵のゲーマーではありませんでした。

そんな重度のゲーマーが武道を極めるのに、すべての才能と時間を注ぎ込んだ結果が本書の内容となっております。

3 なぜ、武道を始めたのか

なぜ、トッププレイヤーまで上りつめたゲーマーが、武道の方面に転身したのかということは皆さん気になると思うので先に書いておきます。

「心」を見つけたかった。

そもそもプロゲーマーでない以上は、ゲームだけして生きていくことはできませんでした。他に何かする必要があったし、何より試したかったというのもあります。

武道の〝ある話〟に興味を持っていました。

達人と呼ばれる人たちは「心を読む」ことができるという話です。

ご存知かもしれませんが、達人ともなれば後ろからの攻撃をかわしたり、目をつぶっていても攻撃に反応して避けられたという逸話があります。漫画や小説でそういった表現がなされたりしますが、実際に存在する昔の武道書にも書かれていたりします。

それは本当なのか？　という疑問がありました。

一方で、一部の脳科学者は「心は無い」という主張を繰り返していました。

心とは脳が作り出した錯覚で、単なるイメージに過ぎないというわけです。

ところが剣の達人と呼ばれる人たちは相手の心を読んで攻撃をかわすことができると言い、脳の錯覚では説明の付かない反応を見せる。現代でもそういう達人がいて、まったく科学者たちの常識を超えた動きができるというわけです。

現代人ならば科学者の話を鵜呑みにするところですが、どっちが本当なのか、自分で確かめたかったんです。

私は、生きていくために「心」は欠かすことのできない大切なことだと思いました。

誰かにその価値観を委ねて生きていくことはできないと感じていました。

武道を極めたら、もしかしたらその「心」が見つけられるんじゃないのかと思いました。

達人のようになれば背面からの攻撃がかわせるようになり、「心」を感じられるようになるのではないのかと考えました。

4 たった一時間で歩けなくなった

すべての武道の本質は通じているという話がありまして、何をやろうか、迷うよりも前にまずは近くの伝統派空手の道場に通い始めました。

実は小さい頃に少し、通っていた縁もありました。

入門時の紙には「剛柔流」と書かれていた記憶がありますが、習ってみると「糸東流」でした（昔からの空手にはこういうことはよくあるらしいです。とりあえず剛柔流と名乗っておく、など）。

四股足立ちの稽古は辛かった。とくに、その効果のほどが自覚できないままにやっていた稽古は…

先生は糸東流空手八段の方で、その道では素晴らしい実力の持ち主と言われる方でした。

私が小さい頃通っていたときよりも段位を上げて八段になり、その力量も高まってらっしゃるようでした。

昔から練習をサボると「地獄の苦しみを味わわせてやろうか」と竹刀を持ち出して床を叩くような怖い方でした。

練習内容もものすごく厳しいものでした。特に厳しかったのは「四股《しこ》足立ち」と呼ばれるものです。四股、という言葉を聞いたことがある人は多いと思います。相撲の、アレですね。

まさに力士のように低く腰を落として、四股の姿勢を取って立ちます。伝統派空手にはそういう独特の動きがあります。

四股の姿勢になって、出たり入ったりの練習をする。それで体を鍛えていくわけですが、まぁきつかったです。

ゲーマーだったのでまったく運動をしておらず、道場の練習をわずか1時間しただけで足に力が入らなくなりました。

次の朝起きると、体中が筋肉痛になっていました。起きるのも辛いですし、階段の上り下りは手すりをつかまって老人のようにフラフラと歩くのがやっとでした。

21歳の青年がほとんどまともに歩けなくなる姿は、滑稽だったと思います。たった1回練習に参加して、たった1時間ちょっと練習しただけで、もう無理だと思うぐらいの筋肉痛に陥ったんです。

そもそもゲームのし過ぎで腰痛などにもなっており、私は先生に連絡を入れようとしました。

ちょっと休ませてください、と。

これ以上、練習を継続するのは難しいと言おうとしたんです。でも、とにかく2日だけ様子を見て、次の練習日がやってくるまでに治るか見ようとしました。

練習日の朝、それでも筋肉痛だったのですが、練習時間がやってくると不思議なことに、体中の痛みが治っていました。

まだ若かったのもあるのでしょうが、不思議と練習を続けられることになりました。

1か月、2か月と練習を続けていくと筋肉痛にならなくなり、驚くことに姿勢が正されたのか腰痛が治っていきました。

5 攻撃が当たらない問題

空手をやる中で、小学生ぐらいの頃から感じていたことがありました。それは、なぜか「自分の攻撃が当たらない」という問題です。

小学生ぐらいのときにも一年半ぐらいの期間、先生の下で空手をしていました。地方の大会があったのですが、そこに出場させられたんです。

当時の私は黄色帯（初心者である白帯の次の色）で、相手は緑帯（白帯から4つ目の色）の、ちょっと茶髪に染めているような威勢の良い少年でした。

その子と打ち合うと、ビシバシと一方的に打たれて負けてしまったんです。こちらの突きはまったく当たらないし、それどころか相手の突きは一方的に当たっていたのです。

何が起きているのか自分でも分からず、防具を付けているとはいえ、ばしばしと顔面を打たれて、気づいたらポイントを一方的に取られて、それで負けているという、まったくワケのわからない状態でした。

何をしたら勝てるのか分からなかったし、一生埋まらない問題を突きつけられる思いでしたね。

才能なのか、ということですよね。この、攻撃が当てられたり、当てられなかったりするのは才能なのかと。当時の自分はどれだけ努力してもその緑帯の子に勝てる気がしませんでした。

実際に緑帯の子は強く、上の色の帯の子にも勝ち、大会で勝ち進んでいたように思います。

練習が進んでいった先にその子に勝てる未来が見えなかったのです。そうこうしているうちに空手の道場に次第に通わなくなってしまったのですが。

21歳の頃にもう一度、その伝統派空手の道場に通い始めました。

驚くことに同じ問題がまた目の前に現れました。

中学生ぐらいの黒帯の子が目の前にいます。それで自分が突こうとすると、相手はもうすっと下がっているわけです。

言われたとおりに脇に拳を引いて突こうとするわけですが、もう突こうとした時にはステップを踏んで後ろに下がったり、横に入ったりしているわけです。

こちらが突こうとした時には相手はその場にはいない。相手は相手で早くて、一方的にこっちを打ち込んで勝てるわけです。

さらに相手に防具をつけてもらって、先生に「突いてみろ」と言われるんですよね。

自分は独学で中国拳法とかを研究してみたりしてたんですが、「発勁《はっけい》!」と打ってみても相手の子はびくともしませんでした。

頑張ってやっても、のろっと一歩だけ後ろに下がるだけだったんですよね。

「押してるだけだ」と先生に言われて、恥ずかしくなりました。大きくなったのに、まったく自分は強くなっていなかった。

しかし、小学生の頃とは決定的に違うことがありました。それは、〝ゲーム〟の経験です。

一つのゲームを徹底的に極めて、トッププレイヤーに上りつめた経験があったのです。

その経験を持ち込んでみよう、と。

6「一拍子」で動けるようになる

8か月が経つ頃には、見違えるような変化が起きていました。

道場生が一斉に並んでいる中、先生が号令をかけます。「いーち」と言うとみんなが突き始めるのです。

自分は「い」で突き終わるようになっていました。

他の道場生が「いーち」の最後で突き始めるのに対して、「い」の時点で突き終わっているんですよね。

また先生が「にー」と言うと、自分は「に」の時点で突き終わる。他の道場生が突き始めるぐらいの時点で、突き終わっている。

先生が「んっ？」という顔でこちらを二度見してきました。

あまりにも目立つから他の道場生も先生の視線に気づいて、こちらを見てきたりして、さすがに「まずい」と思ってわざと遅くしたりしていました。

練習試合をすると、おかしなことになってきます。

相手に突きをバシバシと一方的に当てられるようになっていたんですよね。

自分の方が圧倒的に早くなっていて、相手の突きが思ったよりもゆっくりと見えるという現象が起こっていました。

それで体を揃えて思い切り突くと、前拳（ボクシングで言うところのジャブ）でも相手が2、3メートルぐらい吹っ飛ぶようになりました。「ぐあぁあ」となって相手が吹っ飛んで、試合が終了するとい特段動作スピードが変化している訳でもないのに、なぜか突きが人より早く完結するようになっていた。その秘密は？……

金的蹴りを狙われたら、〝後の先〟の前拳で相手は吹っ飛んだ。

うことになる。

すでにこの時点で、突きに全体重が乗り始めるようになっていました。

私は白帯（習い直しのため）だったのですが、他の黒帯3人ともうひとり帯の色は忘れましたが、連戦をさせられたりしました。

しかし、その時点で問題になりませんでした。むしろ、ダメージを与えないように手加減する必要があるぐらいでした。

最終的に空手の練習試合にも関わらず、「蹴り」は禁止ということになりました。

それでも、とりあえず前拳さえ使えれば相手が吹っ飛んでいくので問題ありませんでした。

相手の中には私に「どうやったら勝てるのか」ということを研究して、前蹴りに隠す形で金的を打ってくる黒帯もいました。それに対して私は〝後の先〟で入って、前拳を先に胴体に当てると相手が後ろに崩れる形になって吹っ飛んでいく。それで試合終了になる。

「金的が効かない……」

と、相手は試合終了後に他の黒帯に漏らしていました。

単純に前拳の方が早く当たって崩れてしまっただけなのですが、まったく勝負にならなくなっていました。

また別の日、先生が私に対して「お前、避けてみろ」と言って前蹴りをデモンストレーションするために構えるのです。

ですが、じっと数秒間見合わせてから蹴る前に蹴るのをやめたんですよね。

蹴れない、ということが明白でした。その前蹴りの弱点がすでにわかっていました。

先生には後ろ足を継ぎ足してから前蹴りを打つ癖（伝統派空手の教え）があったので、その継ぎ足す瞬間にこちらが後ろに下がれば届かなくすることができるのです。その動きだとどうしても間に合わなかったのです。

（この話には正確に伝えきれない部分があるかもしれませんが、そういうことがあったのは事実なので書いておきます。ただし、それは私が突出して優れているということではなく、伝統派空手独特の欠点ゆえに「蹴れなかった」ということなのです。本書で後述します。）

私はある古伝空手の術理を発見し、体が統一できているということを感じるようになりました。

そこで、ある実験をしてみることにしました。

数人の大人を集めて、電車ごっこのように列を作って耐えてもらいます。普通に押すと、何人もの力が合わさって押せません。

190センチメートルぐらい身長があって、かなり力持ちの人でも、相手が大人4人ぐらいになってくるともう押せませんでした。大体ほとんどの人は、4人ぐらいで押せなくなります。

これは実験する必要もなく当たり前のことなのですが、さらに増やして10人近くになるともう絶対に押せないということです。

当然のことながら一人が出せる力には限界があります。どれだけ鍛えていても難しいわけですよね。

それに対して、私は168センチメートルぐらいの身長しかありませんでしたが、電車ごっこの列を押してみると、何人もの人たちが耐えられずに押せてしまったんです。

何人追加しても、押せてしまうということがありました。

すでに、達人と呼ばれる人たちがやっていることが再現できる状態になっていました。

なぜ、こんなことができるようになったのか。

普通に考えて、周りにとって信じられないスピードで成長したということですよね。周りからしたら、なんでこんな早く動けるんだ、なんで白帯に黒帯が負けるんだ、ということでしかなかったと思います。

でも、これにはしっかりとした理由があるのです。

私が他人よりも才能があったからではありません。

事実として、小学生の頃の私は、地方大会でボコボコにされてとても弱かったわけです。

何か素質が優れていたからでもありません。単純に努力したからでもないんですよね。

そこにこそ、〝ゲーマー〟ならではの楽しい極め方があったんです。

〝ゲーマー〟ならではの違う切り口で武道を探究したことで、たまらないぐらいに楽しく早く強くなっていくことができました。

本書ではその楽しい成長の仕方をお話しまして、さらには次々と達人の技をゲームを攻略するように明らかにしていこうと思います。

さぁ、まったく新しいアプローチによって、数十年という常識の壁を壊していく話をしましょう。

誰も聞いたことがないここだけの話。

仕事に人生に、面白い発想の転換方法が分かるかもしれません。

第1章

これ、本当に効くの？
～ゲーマーだから発見できる極意

1 自分の経歴。トッププレイヤーに上りつめるまで

皆さんは、ゲームと武道の上達に何の関係があるのかということが疑問ですよね。

さっぱり、関連性が見出せないと思います。

その謎に迫るために、私がゲームのトッププレイヤーに上りつめるまでの過程をぎゅっとまとめてお話ししたいと思います。

プレイヤーとして、桁違いに成長する瞬間があったんです。

その成長の瞬間に体験することと、武道が一気に上達することは本質的にまったく同じことだったんです。

まず、ゲームがうまくなっても、そこまでリアルに影響はないだろうと考える人たちがいるかもしれません。ゲームは「作業に過ぎない」という見方です。

確かに、ＲＰＧ（ロールプレイングゲーム）などのレベル上げが主体のゲームはまさにそうなんですよね。

モンスターを倒して、経験値を稼いで、それでレベルを上げ、ステータスを上げる。その上げたレベルでさらに強い敵を倒して、という流れはまさに「作業」でしかありません。

ここには何の知的作業もないし、誰でもできます。右から左に物を移動させるぐらいの単純な作業なんです。ボタンをただ連打しているだけに過ぎません。

確かにこういう類のゲームをしているだけだったら、私の武道上達にはまったく有効ではなかったでしょう。しかし、私がやり込んでいたゲームはいささか違いました。

一人称視点の戦争ゲームでして、どちらかというと格闘ゲームに近いものがありました。

レベルというものが存在せず、プレイヤーの腕前だけが問われるタイプのものだったのです。

もう一度、繰り返します。

プレイヤーの「腕前」が問われるゲームだったんですね。

ここがものすごく重要です。

つまり、ただレベルを上げれば敵を倒せるというものではなく、対人仕様の極めて現実的に闘うゲームをやっていたのです。

それは、第二次世界大戦を舞台にしたリアリティのあるゲームでした。銃や戦車に乗ったりしてリアリティのある戦場を駆け回りながら戦うゲームなのです。

一人称に近い視点ですから、その臨場感たるや普通のゲームとは違うものがありました。まるで実際の戦場にいるかのように銃を撃ち合って戦うゲームなのです。

さらにオンラインで繋がっていまして、世界中のプレイヤーたちとしのぎを削って戦うことができます。

日本人だけではなく、アメリカ人からヨーロッパ人、アフリカからアジアの方までありとあらゆる世界中のプレイヤーたちが参加していました。

私がやっていたバージョンはそこまでの規模ではありませんでしたが、それでも累計数万人以上はプレイしたゲームではありました。

私はそのゲームを極めていく過程で、まったく新しいアプローチ法を身につけたんです。

2 成長は衝撃を受けることから始まる

ゲームでも何でも成長する瞬間は、とてつもなくシンプルです。

衝撃を受けること。そこからすべてが始まります。

重要なことなので、そのゲームの内容を分かりやすくざっくりと話させていただきます。


第二次世界大戦のヨーロッパの街並みがあるのですが、そのマップの真ん中の街に旗があります。その旗を取ると2ポイント入ります。相手を1人倒すと1ポイント入ります。チームで合計50ポイント先に先取すると、1ゲームの勝利になります。ドイツ軍とイギリス軍、2つのチームに分かれて争います。

モードによってちょっと違うのですが、分かりやすく言うとこういうゲームです。

つまり、いかに旗を取るか。いかに相手プレイヤーを倒せるかというゲームなんです。

最初はオンラインに繋げずに、オフでやっていました。コンピュータ相手に銃を撃って、敵を倒して、それで真ん中の旗を取るわけですが、まぁコンピュータは簡単な動きしかしません。

兵士として真ん中の街に乗り込んでいくのですが、気楽なものです。棒立ちの敵が的外れな攻撃を仕掛けてきて、それでこちらは楽々と敵を撃って倒して旗を取ることができるのです。

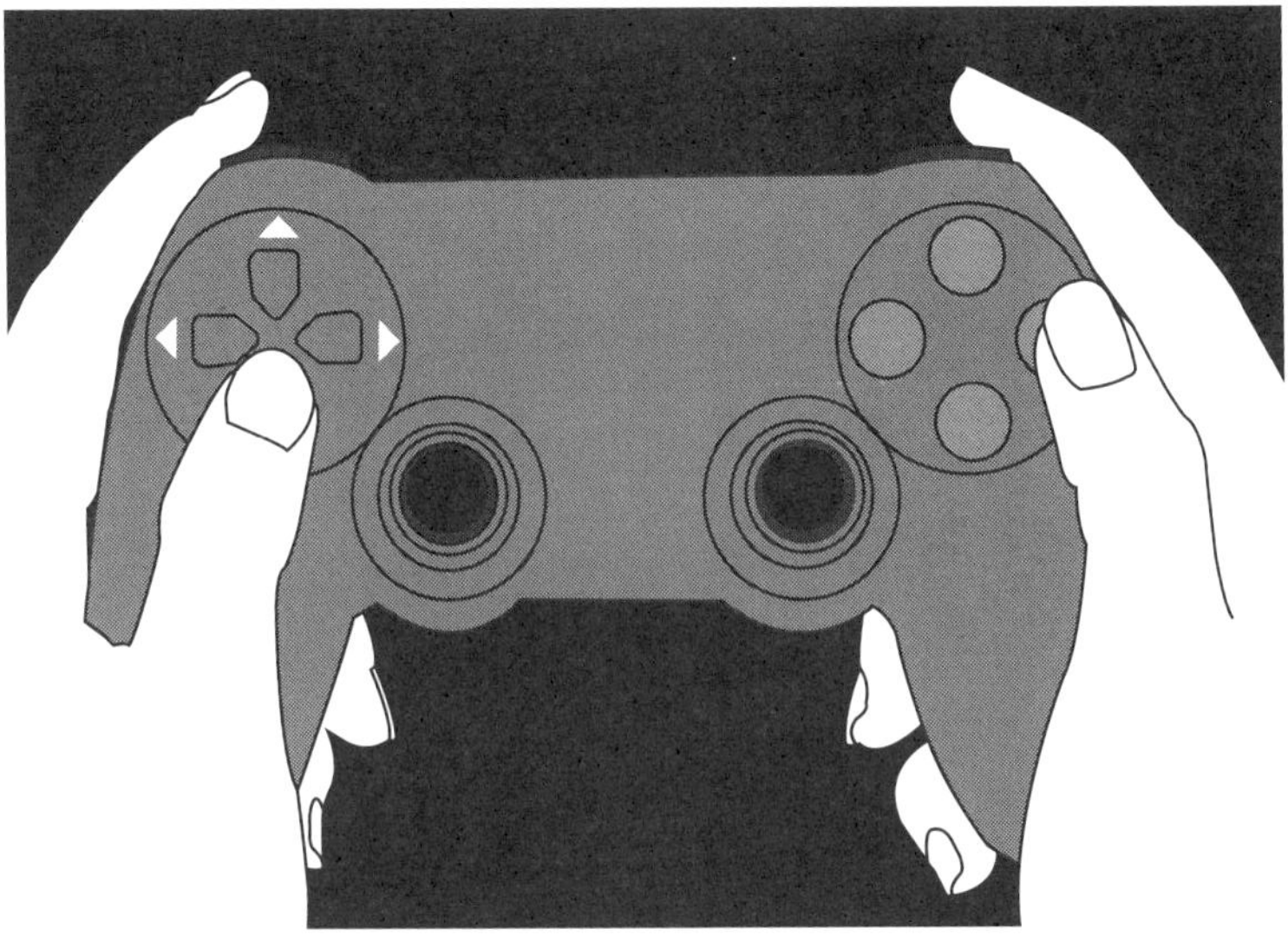

何回やってもコンピュータ相手だと話にならず、勝つことができました。

簡単なゲームだなぁと思って、試しにオンラインに繋いでみたわけです。

オンラインに繋ぐと相手はコンピュータではなくなり、実際の人がネットの向こう側でプレイしています。

まったく違いました。衝撃を受けるほどに違ったんですよね。

真ん中の街に車に乗って進んでいくと、敵がまったく見つからない。相手チームのプレイヤーたちは実に巧妙に建物の陰に隠れたりしていて、見つけることができなかったのです。

コンピュータが操作する兵士だと棒立ちなのに、実際の人が操作する兵士は効果的に建物の中などに隠れていました。

車から降りると、一瞬で見えない場所から射撃されて倒されてしまいました。

映像がリアルであればあるほどに臨場感が増し、さらに敵のプレイヤーが強ければ強いほどに恐怖が高まりました。

結局、一方的に殺され続けて、50ポイントを先取されて負けてしまいました。

オフでやっているときは、コンピュータ相手に一人で30ポイントぐらい取って勝っていましたが、オンラインに入ると、1ポイントも取れずにただただ自分がやられるだけの存在に成り下がってしまったんです。それだけプレイヤーの層が厚く、まったく違うレベルでやっていました。

もう一度、街に向かいましたが、さながら実際の戦場にいるかのように必死に街中を走り回りました。死に物狂いで周りを見渡して、敵を探そうと必死に銃口を向けて回る。それでも敵は見つけることができず、一方的に見えない場所から撃たれて「うああ」と驚きながら死んでしまう。

その繰り返しで、ショックでショックでたまりませんでした。

ぶつぶつと文句を言いながらゲームをシャットダウンして、それでパソコンを落としてその日は寝ました。こんな難しいゲームが存在するのか、という驚きと共に。

もう二度としないとその日は思ったのですが、次の日の朝になるともう一度やってみたくなったんですよね。

3 最高のプレイヤーと出会うことによって世界観が変わる

最初は本当に恐怖が大きかったのを覚えています。

映像にリアリティがあり、慣れないせいで恐怖が大きくなってしまって、周りが見えなくなるんです。実際の戦場にいるわけではないのですが、まるで本当に実際の戦場にいるかのような緊張感を感じてしまうのです。そのせいで体が硬直して、全然思い通りのプレイができなかったのです。動きがぎこちなく、敵に気づいても照準がブレてしまうのです。

つまり、こちらが銃口を向けるよりも相手のほうが銃口を向けるほうが早かった。そのために一方的に撃たれる。洋物のゲームは、リアルですからね。二、三発、胴体に弾丸が入るだけでも死んでしまうのです。

ひたすらスピード勝負の世界。圧倒的に反応反射が求められる世界だったのです。

どちらが早く敵に気づいて、どちらが早く撃てるのかということ。それが勝敗を分かつ世界であり、今思えば大変に武道・武術的ではありました（実際、武道・武術も戦場を想定しているわけですから）。

繰り返しているうちに、恐怖のせいで体が硬直して戦えないという状態から、次第に何回も何回も敵に倒されていくにつれて慣れていきました。

そうすると視野が一気に拡大してきて、徐々に敵がどこに隠れているのかが見えるようになってきたのです。

慣れれば慣れるほどにあらゆる面で、目を見開いて対応できるようになりました。あとは銃を的確に当てる練習をしたり、基本的な練習を重ねるようにしていくと次第にスコアが上がっていきました。

ジャンプすると照準がバラついて当たらないな、と気づいたり、伏せると姿勢が安定して、照準を絞れて弾が当たりやすくなる、等の研究をしました。

敵がちゃんと見えると、照準をしっかり合わせて撃てるのです。この基本ができるだけで、相手はあらかた倒せるようになりました。

さらにこちらが先に相手を見つけられるよう角を取ったり、街角の有利なポイントに隠れたりするわけです。それで「先を」取れるようになればなるほどに強くなりました。

最初は0ポイントしか取れなかったのに、15ポイントぐらいは取れるようになったのです。

そうすると、チームに貢献することができますよね。

50ポイント取れば勝てるわけですから、一人が15ポイント取っていれば他の味方も楽になるわけです。

ポイントで一位、一位、と何回もなって、金メダルを取れるようになっていきました。

どんどんと上手くなっていき、自分もトッププレイヤーの仲間入りを果たしたのかな?と思いました。

しかし、トッププレイヤーの世界はまったく違いました。

毎日毎日、一日中その戦争ゲームを繰り返していたんですが、ある日突然に別次元のレベルに達したプレイヤーと出会ったんです。

名前は、スコーピオン。

彼が突然街中に現れると、私との出会い頭にありえない行動を取りました。

4 突然にジャンプ!?（スコーピオンの超絶テクニック）

私が照準を合わせようとすると、その銃口から逃れるようにその場でジャンプしたんです。

スコーピオンが目の前で浮かび上がったのです。それはありえない行動でした。なぜかというとジャンプすると銃の照準が開いてしまって、自分自身が敵に銃を当てにくくなるからです。

しかし、スコーピオンはあえてジャンプしたんです。

実はそれだけでなく、空中で伏せていました。ジャンプする操作と伏せる動作を同時に行ない、斜めに飛びながらこちらに対して撃ってきたのです。

こちらも照準を合わせながら銃を撃っていたのですが、まったく話になりませんでした。

一方的に倒されてしまいました。

それから何回スコーピオンに挑んでも瞬殺されるという状況に陥りました。あまりにも一方的な試合展開、あまりにも一方的な強さでした。

相手は空中に浮かび上がりながら、なおかつ伏せることで照準を絞って的確にこちらを撃ち抜いてくる。つまり、回避と攻撃を同時に行なっているのです。

自分は相手に攻撃を当てられず、相手は一方的にこちらに攻撃を当てることができる。そんな状況を作り出せるスコーピオンは世界最高のプレイヤーに達していました。

彼が現れるだけで戦況が覆り、一人で30ポイント近く稼ぎ出して勝ってしまいます。

他の仲間も歯が立たず、何人で挑んでも話にならないのです。

こういったすぐに死ぬ戦争ゲームでは、まずありえない現象でした。優れた回避能力と攻撃能力が合わさることによって初めて実現することなんですよね。

あまりにも強すぎて、出会った時は絶望感しかありませんでした。こんな強いプレイヤーが世界にいるのか、と。

引退を考えるほどでした。

何をやっても歯が立たず、一方的に倒される展開が続きました。

スコーピオンが現れたら、もうそれで終わり。これはゲームとしてはどうなのかということですよね。もう辞めようと思って、ゲームを削除しようとしました。

それで、横になりながら考え事をし、ふと思いました。ここで逃げたら結局同じなのではないかな、と。

小学生の頃に空手で緑帯の子に勝てなかったこと。

それだけではなく、人生においてまったく歯が立たない人たちは何人もいたのです。それを皆、才能という言葉で片づけていました。

「でも、それって本当に才能なのかな？」

ふと湧いた疑問に動かされて、もう一度ゲームを起動しました。スコーピオンの動きを見つめることにしたのです。彼は何をやってるのか、ということですよね。ひたすら倒されながら、ひたすら彼の映像を見つめて、それで何をしているのかということを分析し始めました。

ありえない操作テクニックを行なっているということは明白だったので、それを「真似」することを始めたのです。

最初は確かに不可能でした。というのも、スコーピオンのようにジャンプすると、自分自身の照準もブレるんです。敵に照準を合わせながらジャンプして、なおかつ的確に当てるということはなかなかできません。

それでも、何度も何度もそれを繰り返しやっていくと徐々にできるようになり、相手の攻撃が自分に当たりづらくなっていきました。

次第にブレに合わせて、照準を絞るコツを見つけたのです。

ジャンプすると照準が上がる。そのタイミングで照準を落とせばいいだけだ、と。

スコーピオンの技術を真似して習得するまでに、およそ数か月掛かりました。

次第にそれが真似できるようになると、私のスコアも跳ね上がっていきました。

5 世界最高のプレイヤーに上りつめるまで

私は25ポイントぐらい取れるようになってきて、一位、一位、と金メダルを取れるようになる頃には、飽きたのかいつの間にかスコーピオンは姿を消していました。

まだ実力的には拮抗していましたが、彼がいなくなったことで私の独り勝ち状態になりました。

そこから「上手い人の真似をすればいい」ということを学んだ私は、あらゆるプレイヤーの優れた動きを真似するようになりました。

戦車、飛行機、ライフル銃、スナイパー銃、工作兵、各分野のトッププレイヤーの動きを分析して吸収し、真似するようになったのです。

次第にあらゆる場面、あらゆるサーバーやモードで戦えるようになっていきました。

さらに進んで、上手い人の動きの欠点にも気づけるようになりました。それを試すように攻撃したり、弱点を克服するためのアレンジを加えるようになったのです。

そうすると、またぐんと頭一つ突き抜けるようになりました。

私の成長方法は、こうです。

「トッププレイヤーたちの優れた動きを真似する。そして、積極的に吸収してから同じことができるようになったら、さらにアレンジを加えて発展させる。誰も打ち勝つことのできないプレイヤーになれる」

巨人の肩の上に乗るような感覚ですね。

スコーピオンと出会った衝撃が、私に桁違いの成長をもたらしたのです。

累計5年近くプレイして、5万キル以上（5万人近くの人を倒したということ）まで行きました。

世界ランキング10位以内に入っており、気づいたら世界最高のプレイヤーの一人に上りつめていました。他プレイヤーに「万能」と称賛される英雄兵になっていました。

久しぶりにスコーピオンと再会した時に彼と戦ったのですが、もはや一方的に私が勝つ展開になっていました。彼の動きにアレンジを加えて、より精度の高い、シンプルに膝を折って撃つ姿勢を編み出していたのです。そうすると、ジャンプするよりも先に相手に攻撃を当てることができるのです。

ある外人プレイヤーは衝撃を受けたように英語で言いました。

「grow up!（成長してやがる！）」

コラム

ゲームにおいても礼に始まり、礼に終わる（礼儀正しいケネディ）

ゲームの世界には、本当に個性豊かなプレイヤーたちがいました。それが私の後々の武道における成長に大いなる影響を与えてくれたのです。

私がやり込んでいたものは戦争ゲームという特質上、さながら実際の戦場のようにリアリティがあり、プレイヤー間で罵詈雑言が飛び交っていました。

倒されたときにやっぱり悔しい思いをするわけですから、憂さ晴らしのように罵るわけですよね。

「ファッ○」

「マザーファッ○ー」

なんて言葉は当たり前です。

ここには書けないようなスラングを飛ばし合って、お互いに罵り合うのは当たり前だったのです。

私は初期の頃から無言プレイヤーの一人でした。

時には震えるような煽りを浴びせられることもありました。

しかし、ある時ケネディという外国人プレイヤーと出会ったのです。

私がそのプレイヤーを倒すと、ケネディはただ一言だけ。

「nice（ナイス）」

と私のプレイを褒めてくれました。その瞬間、自分の心にさわやかな風が吹くように感じました。

コラム

敵であるにもかかわらず、それどころか私が倒した張本人であるにもかかわらず、ケネディは素直にナイスと褒めてくれたのです。

純粋にプレイングだけを見て、そのプレイが優れていたのならば、たとえ敵プレイヤーであっても褒め称える。

ゲームの終わりに必ず「GG（グッドゲーム）」と称える等、挨拶をしっかりする。

その外国人プレイヤーの精神性に接して嬉しくなりました。

それから私もプレイ時に誰かが良いプレイをしたら、要所要所で敵味方問わずに「nice（ナイス）」と褒めるようになりました。

相手もプレイヤーとして応えてくれるようになったりします。

そうすると、驚くことに相手プレイヤーの良いところが見えるようになってきたのです
今までは強い気持ちで敵と向かい合って、なんとか打ちのめしてやろうと思っていたものが切り替わり、次第に純粋にプレイそのものを楽しむようになっていました。

自分自身が倒されたときであっても、相手が優れたプレイをしていたのならば素直に褒め称える。

そのときに相手のプレイがよく見えるようになり、もっと積極的に他人の良いところを吸収できるようになっていったのです。

ケネディからは礼儀を学びました。

これは武道の「礼に始まり、礼に終わる」という言葉と本質的に同じなのではないでしょうか。

6 通常のプレイヤーとトッププレイヤーの違い（世界最高のプレイヤーの世界観）

通常のプレイヤーは、実は動きに無駄が多いのです。相手を見つけて撃つまでの時間が、ごちゃごちゃとしていてぎこちないわけです。

それに対してトッププレイヤーは最短最速の動きで相手に照準を合わせて、的確に相手の頭を撃ち抜いてしまう。0・1秒を競う世界では、この違いが途方もないほどに重要なことでした。

最速最短で動けるようになってくると、周りがゆっくりに見えるようになるという現象が生じました。言わばスローモーションのように見えるのです。

初心者の頃は0・1秒というのは、一瞬だったのです。相手が見えた、それに対して照準を合わせて、そして撃ち始めるというのが、ものすごく短い時間に感じました。だから焦って、すぐに撃たなければなりませんでした。

でも、こちらが最速最短で動けると、なぜか相手をゆっくりと見ていられるようになったんです。

リアルの時間では本当に一瞬なのですが、ゾーン状態に入ると0・1秒が1秒ぐらいに引き伸ばされて感じるのです。

相手が反応する前に自分が反応しており、さらに相手の動きがゆっくりとクリアに見えてから、そこに対して自分が瞬間的に入って撃ち抜いているということがありました。

果たして。

戦争ゲームをやり切るだけやり切って、自分はこの上達の経験や法則が武道にも持ち込めるのではないのかと考えたのです。


まとめると、たった二つの事に絞れます。

「上手い人の優れた動きを真似すること」

「優れた動きにアレンジを加えて発展させること」

7 伝統派空手を始めてぶち当たった壁。疑問に感じた事

ゲームの中とはいえ、リアルな戦場で対人戦闘を5万回以上繰り返した人間が、ぽっと伝統派空手を始めたわけです。

そこまでゲームをやり込むと、人が変わります。

小学生の頃の自分とは視点がまったく違いました。ゲーマーとして、もっと言えばトッププレイヤーとしての視点が備わっていました。

こうなると、奇妙なものになってきます。

アプローチの仕方、発想とかそういったものが根本から変わっていました。

その状態で伝統派空手を始めると最初の頃こそ筋肉痛に苦しめられましたが、それ以後は問題が明確になってきました。

まず第一は序章でも書かせていただきましたが、「自分の攻撃が当たらない」という問題がありました。人というものは、もしかしたらそもそも攻撃がなかなか当たらないようにできているのかもしれない。そう感じるぐらいに攻撃が当たりませんでした。

より具体的に話すと、例えば、黒帯の人が目の前に立っていたとします。

それで自分が攻撃しようと体に力を入れます。そうすると、もう相手はビクっと反応して回避動作を始めようとします。

分かりますか。

こちらが攻撃をし始めるときには、相手はすでに逃げ出していたりします。あるいはガードを固めていたりするんですよね。

特に伝統派空手は分かりやすいのです。

腰を出してから突けと教わります。

1で腰を出そうとして、2で突くわけですよね。

それで言われたとおりに腰を出そうとすると、相手はもうそれで突いてくるなということが分かってしまうんですよね。

ボクサーなら、肩をビクっと出そうとしてからパンチを出し始めると、どうしても相手が首を振ったり、ガードを固めたりして反応してしまう。

2拍子の突き（伝統派空手系）

伝統派空手系などでは、基本動作を〝2拍子〟で教わってしまいがち。〝1〟で無意識に腰を出そうとしてしまうが（写真②）、この動きが相手に〝予備動作〟として察知され、避けられてしまう。

〝予備動作〟、という問題がありました。

これがあると、どれだけやっても、なかなか当たらない。

何回やっても、黒帯レベルの相手には、攻撃が空振りしてしまったり、頑張って入ってやっと当てられるかどうかという世界で、相手は相手で早いから一方的にこちらを打つことができてしまうわけです。

話にならなかった。

なんでこんな遅いんだろう。なんでこんな突きが当たらないんだろう。

という壁にいきなりぶち当たったんです。

通常の発想なら、ここで筋肉を鍛えて、となりますよね。

でも、私はちょっと違ったんですよね。

8 ゲーマーゆえの独自の物の見方「超絶分析思考」

ゲーマー独自の見方があったのですが、それは「何なのか」ということですよね。

その前に、ちょっと知り合いの話がとても面白いんです。

賢い知り合いがいまして、ある話になったときのこと。

その知り合いは、IQテストで周りが驚くぐらいの数値を出したことがあるとの事でした。

小学生の頃に計ったそうですが、教師たちが騒いだぐらいだったとかで。

学校によって違うのかもしれませんが基本的にIQは公開されないらしいんです。にもかかわらず、学校側から親へ教育についての提案をされるぐらいだったそうです。

私はIQテストは大したことないと思っているのですが（それで本当の知性は測れないと思っている）、それでもIQテストで高スコアを出す方法に興味が湧いたんですよね。

それでその知り合いにIQテストのコツを聞いてみたんです。

「高IQらしいけど、自分で分析できているの？　つまり、IQテストで高スコアを出す方法というか、自分の考え方というのを自己分析できているのかなと思って」

そうすると、知り合いが答えました。

「IQが高いというのは、今ある限られた情報の中から正答を導く能力が高いということだよ」

「へぇ、どうやって考えているの？」

「今ある限られた情報の中で考え得るすべての選択肢をまずあげる。そこから『これはありえない』や『可能性が低い』というものから順に消していく。それで最後に残った一番可能性が高いものを正答とすること」

なるほど、と思いました。

まるで「消去法」のような考え方を知り合いはナチュラルでしていたんです。分析思考というべきでしょうか。

同時に、信長みたいだな、とちょっと苦笑してしまいました。信長は情報を徹底的に集めてから、同じように選択肢をすべてあげられるだけあげるらしいです。そこから一番目的に合ったものを決断するという考え方をしていたそうです。

一方でその話を聞いて、消去法の問題点を即座に感じました。

つまり、その限られた情報で「正答」に近づける場合は（あらかじめ答えがあるテストの場合は）正解を導き出せますが、ない場合は無理なんですよね。

そうなると、孫子兵法のように情報収集がカギになってくる。有効な情報がちゃんと収集できていないと、答えには辿り着けないわけですから。

今、人工知能がもてはやされていますが、これも近いものがあります。既存の情報の中に答えがある場合は確かに人工知能は使えます。というのも、人工知能は大量に既存の情報を集めて、その中の相関性から答えを出すというシステムだからです。

しかし、創造性に欠ける。ないものはわからないし、組み合わせるのが精一杯なんですよね。

人工知能の可能性と限界は、すでにそのシステムから示唆されています。

ゲーマーに話を戻しましょう。

これがとても面白いことに、さっきの知り合いの考え方と極めて近いんです。

ゲーマーは、いや、他の皆さんに当てはめると違うと感じる方もいるかもしれないので、私というゲーマーはと言うべきかもしれませんが、私の考え方は簡単で、とりあえず目的に対して今あげられる選択肢をあげられるだけあげて、ひたすらクリアできる可能性の高い順から試していくというものなのです。

そして、ひたすら調べていく。調べて調べて、その中から正解となるようなことを見つけるまでひたすらに試していく。

この試す量が半端じゃないぐらいに多い。

ゲームにはリスクがないので、いくらでも試すことができてしまうのです。

試して試す。

それで攻略法を見つけて、しまいにはゲームをクリアしてしまうということです。それどころか裏技的なものまで見つけ出してしまうこともあります。これが効率よくゲームを攻略する思考です。

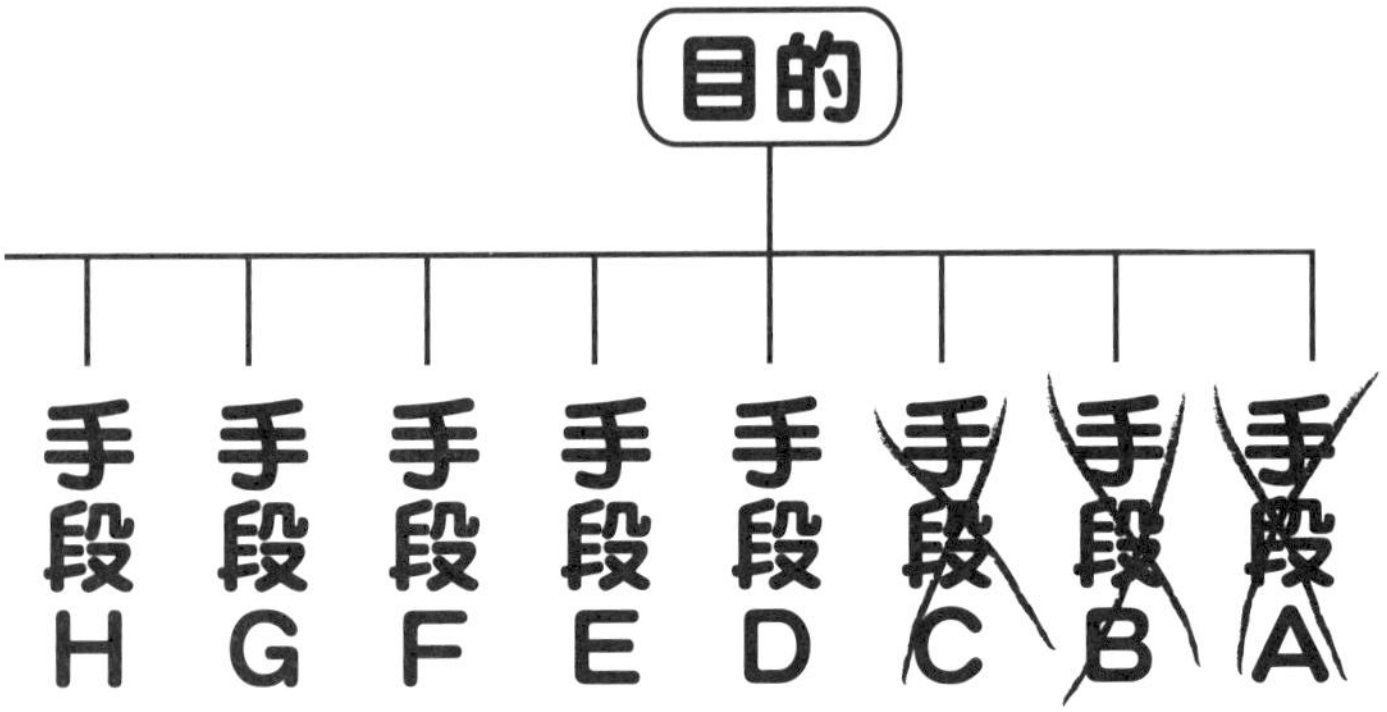

この考え方をもしも武道の探究に持ち込んだら、どうなるでしょうか。

タブーというタブーを排して、徹底的に情報を収集しながらひたすらに試していくわけです。

通常の人がやる試行錯誤の何百倍もの量をこなす世界が広がっていきますよね。

そして、それが時間を超えていく方法でした。

9 何が大事と考えたか？ 検証〜分析という方法論

分析するのが大切だと言っても、どうやって情報を集めるのかということがその前に大切でした。

一番大事なことは「分かる」ということです。

分からない状態でやるから、分からないまま進んでいって、まったく上手くならない状態が続いてしまうのです。私の小学生の頃は、まさにそうでした。

そこでゲーマーとしての感性が生きていくのです。

どうやったらスピードを分かりやすく測ることができるようになるのかということ。

今の課題は、特に打撃スピードでした。

ゲームで言えば、素早さのような数値があって、それはまさに目に見えるわけですよね。それを上げていけば、どんどんとキャラクターは早くなって攻撃が先制できるようになるわけです。

ゲームはとても分かりやすいです。だから面白いし、誰でも上手くなるし、多くの人がハマるわけですよね。

ところが、どうでしょうか。

武道にはそういった目に見える基準がまったく存在しないのです。

分からない、という明白な問題がありました。

そして数値化しようと言っても、何かスピードガンのようなものがあるわけでもなかった。

それでも、検証したい、という思いを強く感じていました。

どうしても「分かる」ようにするために検証方法を探す必要があると考えたのです。それが答えに辿り着くカギになるという確信がありました。

10 なぜ大人の多くは長い間やり続けても〝正解〟に辿り着けないのか？

多くの人たちは、まったく検証せずにやらされているだけでした。

道場に行けば、先生の言う事を守っているだけなのです。得てしてそういうものだと思います。「黙ってやれ」と。

四股足立ちの姿勢をやらされ、苦虫を噛み潰したかのような表情で正拳突きを突かされている。

ちょっとでも楽な姿勢を探して、先生の目を盗んでは立ち上がり、サボっている。

四股足立ちが足腰を鍛える訓練だとするならば、それがどういう効果をもたらすのかを生徒たちに分かりやすく教える必要がある、と思うんです。

なぜ、それをするのか。そうすると何が起こるのかが分かれば、誰だって辛くたって励むに決まっています。（のちに四股の効果を知ったとき、これほど面白い練習方法はないと思うようになりました）

でも、人にやらされているだけでは、いつまで経っても「分からない」のです。

目的もなく、何も分からないまま、ある日突然に達人のようにできるようになるはずがないんですよね。

砂を噛むような練習をしており、成長も実感できず、楽しいはずがないのです。

ある日キックボクシングのジムを見に行った時に驚いたのですが、反復練習しかしていなかったんです。同じことの繰り返しで、「アア、ラァ」と気合を掛けて蹴りを打ったりしている。

それであとはスパーリングをする。

伝統派空手の練習と本質的には変わらないです。

繰り返し繰り返し、同じことを同じようにやっても、基本的には「同じ現象」しか起こらないのです。

いろいろと試すべきだし、新しい発見や深い理解を得なければ進歩はあり得ません。

スポーツ選手や格闘家の方たちもそうなのですが一年頑張って練習しても、一年前よりも成長しているどころか、まるで衰えてしまっているような人たちがいます。

これは反復練習しかせず、練習方法が「気づき」を重視していないから起こることなのではないのかと推測しました。

ただ筋肉を付けたり、同じことを同じようにやっているから進歩が起きないのではないか。

同じようなことをしていても、その内容の質が変化していなければ、やはり前進はあり得ない。

ゲームで言えば、攻略法を見つける必要があるのです。

達人と呼ばれる人たちには、60歳になっても70歳になっても成長し続ける人たちがいると言います。

それに対して、格闘家たちは30代で信じられないぐらいに衰えるんですよね。

この違いは何なのか。

それは筋肉を重視するのか、術理の解明を重視するのか。単純なパワーを重視するのか、気づきを重視するのかの違いではないかと考えたのです。

気づかない限り、強くなれない。

何より私はゲーマー出身のため（ゲームしかしておらず）、すでに体が老人のように貧弱であり、アスリートたちのようなフィジカル重視のトレーニングは不向きでした。

そして、20代の時点で、ここまで「体が弱いこと」が武器になるとさえ考えました。

「絶対に筋肉でごまかせない」

技ができていなければ効かず、技ができていなければ勝てない。

あえて不利な姿勢を作ることで、それを覆す術理を探す方法が武道にはありますが、まさに私の体自体がその不利な状態にあることで探究が容易になると考えました。さらに考えを進めて、武道を楽しく極める方法は簡単だと思いました。

ゲームのように分かりやすくすること。

気づいていくためには、現状を理解していかなければなりません。そこで私は検証方法をはっきりとさせて、自分のスピードがどれくらいかを測る方法を探し出しました。

課題は何なのか↓攻撃を当てられるようになりたい↓相手が反応できない突きを打てるようになる。

自分の求めるスピードを明確化する、そういう流れから、考えをシンプルにしました。

「人が自分の突きに反射ができるかどうかを見ればいい」

と考えたんです。

誰でもいいから目の前に立ってもらう。そこで手を顔の前に軽く構えるように出してもらいます。その顔の手前に突きを放つのですが、もし反応できたら手首だけを曲げてもらうという風にしました。そうすると人によって手首のスピード差というものはほとんどありませんから、公正に人の反応を見ることができるようになったんです。

反応できれば手首の方がはるかに突きよりも早く動かせます。人は体の末端になればなるほど軽く早く動かせるんですよね。だから、力量差というものもなくなるし、もしも相手の手首や指先ですら反応できない突きができれば、ほぼ確実に当てられると考えました。

自分が突いて見せて、相手が「ピクっ」と先に動かせるかどうかだけを見るのです。その「ピクっ」という反応が出ない突きができているかどうかを見ればいいと思ったんです。

これは誰でも相手さえいれば、簡単に検証することができる方法でした。自分の動きが相手にどれぐ

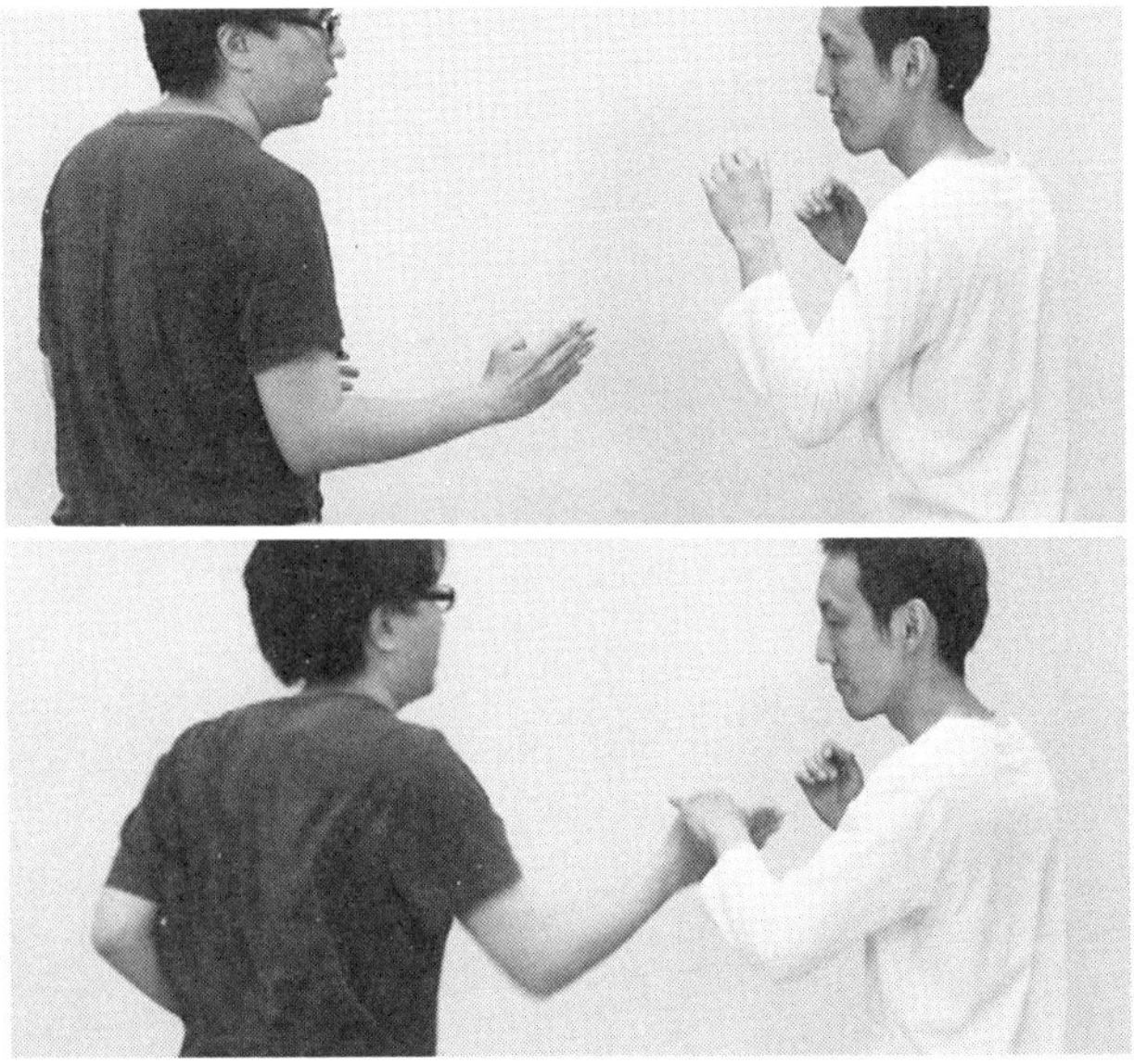

顔前に構えた手の手首だけの動きで顔面突きを避けてもらう。個人の能力によらず、厳密に反応の検証ができる方法で、これでも入れられる突きこそが〝当たる突き〟ということになる。

らい反応されているか、自分の突きを放ったタイミングに対して、どの時点で相手がピクリと反応しているかを見ればいいのです。

こういうシンプルな検証方法を導入することで、はっきりと自分の力量というものを計れるようになりました。

伝統派空手の基本練習でよくやるように、〝1、2〟で動くとどうなるかと言いますと、「1」でこちらが腰を出そうとし始めると、相手はその途中ぐらいで反応してしまっていたのです。

「2」で突きが向かい始めるときには、もう完全に反応しきっている状態でした。

これでは絶対にこの突きは当たらないということは、明白でした。

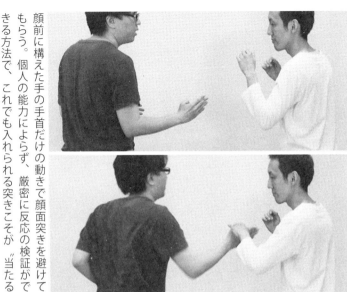

組手で当たらなかったわけです。

そして、この動きは自分の「目的」からして間違っているというのはすぐに分かりました。

突きの威力を計るにしても、一人でぶんぶんと打ち回しているよりは人にミットを持ってもらって胴に構えてもらい、それを突いてみる、ということをやりました。それでどれだけの衝撃が通るか相手に聞いたりすると、力の伝わり方が分かりました。

独学時は、こんな簡単な検証すらしていなかったために、勝手に〝たぶん強くなっているはず〟と勘違いしていたのです。

その勘違いをなくすのにはこういう検証で十分でした。

やってみればまだまだ威力がなく、打ったところでミットの上で止まっており、相手を崩すほどの威力もありませんでした。

打撃力、スピード、反応。

まるでゲームのように分かりやすい検証方法を揃えていきました。あとは、どうやって相手が反応できない突きを見つけ出していくかだけでした。そこからさらにゲーマー時代の成長していった体験を生かしていくことになるのです。

コラム

あきらめても走り続ければいいということを学んだ

（旗職人のモッコリ）

旗を取ったらポイントが入るという説明をしましたが、その戦争ゲームにおいてはものすごく旗の存在が重要なモードがあったりするんですよね。

ポイントが逆算して減っていく減点方式のものがありまして、200の数が減っていってゼロになると負けるというモードがあります。いわゆる体力ゲージのようなものをチームで持っているわけですね。

味方が1人倒されれば、1ポイント減らされます。

相手に旗が4つ以上（過半数）取られている状態になると、1秒の間に1ポイントずつ減点されていって負けてしまうのです。

すべての旗を完全に取られて、それでなおかつ味方プレイヤーが全員死ぬと200ポイントあっても一瞬でゼロになってしまいます。なぜなら、旗の地点こそがプレイヤーが出現する基地になっているからですね。

死んだプレイヤーはその旗が立っている基地から出現するわけですが、基地をすべて取られて誰も出現できなくなれば負けになるわけです。

旗を取るというのは重要な戦略となります。

しかし、なかなか敵の基地に攻め入って一人で旗を取るのは至難です。基地には敵がうじゃうじゃいるからですね。

そのモードにおいて、トッププレイヤーがいました。

旗を取ることにのみ特化した工作兵であり、戦車で移動したり、車で移動したりして旗を取るのが異様に上手いプレイヤー。

モッコリという名前のプレイヤーです。

名前こそふざけていますが、プレイ時間と旗を取った数ではもはやダントツでした。ひたすら移動をし続けて敵中突破を繰り返し、旗を奪い続ける。イノシシのようなプレイヤーでした。

また裏から回ったり、変な場所から現れて、突然旗のあるポイントに伏せていたりするのです。そして、旗を奪う。

旗折り職人、という異名を私が勝手に彼につけていました。

あるとき、私は青チームにいましたが、モッコリは赤チームにいました。敵対しているチームに居るので、トッププレイヤー同士の対決となりました。

私が前線で戦っている間に、モッコリが後ろの陣地にいつの間にか回り込んで味方を倒していき、次々と青チームの旗を取っていって、すべての旗が取られる寸前までいったんですよね。

もうひとつの旗を取られたら青チームの敗北。モッコリの赤チームが勝つという状態になった。

そのときに青チームのプレイヤーたちはひとつの旗に固執して、陣地に引きこもってしまっていました。

減点方式のモードですから、このままでは相手に多くの旗が取られている以上ポイントが減っていって負けが確定してしまう状況です。

私は「どうしようかな」と殺到してくるプレイヤーを倒し続けながら、考えていました。

倒しても倒しても殺到してくる敵プレイヤーたち。このままいけば、自分も死んで最後の旗を取られてしまうだろう。

かといって効果的な移動手段もありませんでした。

車もない。戦車もない。まして飛行機もない。

すべての乗り物が使い果たされ、最終陣地で半包囲されながら撤退戦を強いられている。

飛んでくる砲撃で味方が数人はねあげられて死んでいくのが見えました。

負け確定か、あきらめるか、というときに、赤チームのモッコリがチャットで言ったんですよね。

「走れ、いいから走れよ」

敵プレイヤーであるにもかかわらず、「走れｗ」と半笑いで繰り返し言ってきました。

彼らしい発言でした。

ひたすら旗を取ることに特化したプレイヤーであり、旗を取って形勢を逆転してしまうプレイスタイル。

そのトッププレイヤーにかけられた言葉に奮起して、私は基地の背後の山を登り始めました。

殺風景な山の中で戦車に出会ったら終わり。ライフル歩兵の自分に勝ち目なんてない。かと言って、バズーカ砲だったら対歩兵戦になったときにやられてしまう。

ライフル銃を選択していた自分は徹底的に戦車との遭遇を嫌っていました。

半ばあきらめながら、敵陣地を目指して必死に走り続けました。

後ろの山を登れば、隠れながら回り込んで敵陣地を目指せる。

地道な移動となりますが、それでも正面の戦車だらけの場所を歩くよりも戦死率を下げられるわけです。

山の中間地点を移動中、すでに最後の陣地となった私の青チームの旗は白旗になっており、取られそうになっていました。

その旗を取られたら負ける。

私はマップの状況を見るのもやめて前を向き、ぎりぎりのところで山から滑り落ちるようにして赤チームの基地に辿り着きました。運よく敵がほとんどいませんでした。

一人の敵歩兵と遭遇するとジャンプ伏せ撃ちで瞬殺してから、赤チームの旗を心臓がバクバクとする中で奪い取ります。

周りを見回すと、敵から奪った基地に水陸両用の車がありました。即座に乗り込み、正面の池に突っ込んで壁の崖沿いを斜めに走りながら敵中突破を試みます。

砲撃が後ろから飛び交う中、うねうねと車で駆けずり回って、なんとか単独で敵の陣地を裏取りすることができました。さらに奥地まで突っ込んでいって敵を引き倒しながら次々と旗を取っていきました。

車から降りたら3人ぐらいの敵兵を瞬殺して、またひとつ旗を奪い、その陣地にあった戦車に乗り込みました。

私が旗をひとつ、ふたつと取っていくと味方が鼓舞され、次々と新しく奪った陣地から出発していきました。

気づいたら逆転していて、そのゲームは勝利に終わりました。

敵チームのモッコリは何も言いませんでしたが、半笑いだったと思います。

逆転されちまったか、と思っていたかもしれません。

心があきらめてても体が走ってさえいれば、逆転できることがある。

この粘り強いプレイをもたらしたのは、彼の言葉だったんですよね。

「走れ、いいから走れよ」

その言葉は今までの自分になかったものであり、武道を探求していく礎になりました。

第2章

一拍子の発見

～“神速”の追究

1 武術の達人、トップ・アスリートの動きから見つけ出せた事

「上手い人の優れた動きを真似すること」
「優れた動きにアレンジを加えて発展させること」

これはゲーマー時代に当時世界最高のプレイヤーと出会い、その動きに衝撃を受け、積極的に真似し、アレンジを加えて、自分自身が世界最高のプレイヤーに上りつめていったときに見つけた黄金法則のようなものです。

これを武道に応用すればいいんだ、と考えました。

武道で上手い人は誰か？と考えて、達人と呼ばれる人たちの動きを見始めたのです。

つまり、まずは情報収集を徹底的に重視したということですね。

具体的に言うと本を読んだり、ＤＶＤの映像を調べたり、ネットを検索したり、ものすごく基本的なことから始めました。

探す基準は、攻撃を当てられる人でした。

自分はどれだけ頑張っても反応されて当てられないわけですから、その課題を克服している人たちの〝反応できない動き〟を見つけ出す必要があったのです。

その中で古流剣術の達人と呼ばれる人の「動き」が素晴らしかった。シンプルにものすごく早かった。

古流剣術の達人の方は最速最短で刀を振り下ろしたり、抜刀したりするのです。

気づいたら「斬られている」という世界です。

まさに現代にもそういった剣術の達人と呼ばれる人がいたのです。

その道を極めた人たちは、まさにゲームで言うところの世界最高のプレイヤーであり、私に驚きをもたらす人たちが数多くいました。

相手が反応できず、そのまま斬られてしまうというようなスピードでした。

しかし、何か動きを見ていると単純な速さを超えているようにも見えました。

この「速さ」の正体、どうやってこのスピードを出しているのかということを知る必要がありました。

そのスピードについて、剣術の達人の方はさらっと説明されていました。

「この速さは『形《かた》』によって生まれた」

武道には昔から『形』というものがありまして、剣術から空手までさまざまな動きが残っているのです。

流祖たちが優れた動きを伝えるために残した一種の修練体系のようなものです。

古流の剣術にはちゃんとした形が残っていて、その形をやり込んでいくと動きが「一拍子」になるという話がありました。

「一拍子？」

この言葉が引っかかりました。

拍子というものは簡単で、1、2、3と手を叩いて拍子を取ることなのですが、一拍子はその「1」の動きで相手に攻撃できるというものです。

さらに達人の方は、著作や映像でこうも解説されていました。

日常の動きは関節を10近く使っているのに対して、非日常的な形の動きは4や3ぐらいに減らすようにしているというのです。

この関節の動きが減ると拍子がなくなっていって、相手に攻撃が悟られなくなるというのです。

この話は本当に面白かった。

確かに私の動きは二拍子でした。
1、2で突いていました。1で腰を動かして、2で拳を出していく。
この1の時点で相手が反応してしまうために、2では絶対に間に合わなかったのです。

一方で、私はボクシングの試合を見たりするのですが、チャンピオンクラスでもしばしば攻撃が当たる人と当たらない人がいることが気になっていました。

チャンピオンクラスでそこまでスピード差が出るのか、と。

それを見比べてみると、攻撃を当てられる人は「ノーモーション」と呼ばれる動きをするのです。

モーションがないということは、どういうことかというと攻撃の「予備動作がない」ということです。

私のように「1」と腰を動かしてから「2」でパンチを打つのではなく、全部を一つにまとめて一拍子でやってしまうのです。

まさに剣術の達人と同じようなことを別の分野のトップレベルの人がしていました。

ボクシングのチャンピオンでもトップクラスとなると、まるで剣術の達人のように早い動きができるんですよね。

この共通項から、徐々に見えてきました。

「一拍子？　世界最高のプレイヤーたちと同じじゃないか」

私がやり込んだゲームは圧倒的にスピードが問われる世界でした。

銃弾を先にどれだけ早く相手に当てられるかで勝負がついてしまう。剣術の達人も、ボクシングの世界チャンピオンも、まるでスコーピオンと重なるように見えました。

最速最短で相手が反応できない攻撃を一方的に当てる。

攻撃を当てたいのならば、一拍子にすればいいのではないのか。

次第に「一拍子」というキーワードが自分の中で重要なものになっていきました。

2 〝絶対に当たらない突き〟とは？

基準が分かって練習すると、〝楽しさ〟しかないです。

こうすればいいとはっきり分かっているので、それを目指して、さまざまな剣術の「形」を研究し始めました。

達人と呼ばれる人の中には形を重視する人がいます。だから、その形の中に達人に至るためのメカニズムがあると考えたんですよね。

ゲームで言えば、経験値を稼ぐ方法と言いますか。

とにかく練習方法にこだわりました。

その中でも古流剣術の形を徹底的に研究しまして、一日3時間近くひたすらに形を打ったり、達人の動きを真似したりを繰り返して、日に日にその動きに近づいていきました。

達人の動きをコピーするようにやっていました。

道場の通い始めや、最初の頃は一時間と練習できなかった自分も、数か月が経つ頃には慣れて筋肉痛にならなくなり、ひたすらに形を打ち込んだりできるようになっていきました。

形を学ぶ、という時に、多くの人たちは大量の形を覚えようとするかもしれませんが、私はまずたった一つの形をできるようになることを重視しました。

百の形を覚えるよりも、一つの形を極めることを目指したのです。

(分散するよりも集中する方が効率が良いということをゲームではステータスを「極振り」すると言います。攻撃力にすべてのポイントを振って、一撃で敵を倒してしまうプレイヤーがいます。それと同じ考え方です。)

一つが分かれば、すべての原理が分かるようになるのではないかと考えました。その一つから「全てに至るんだ」という心意気だったのです。

すべての時間を当てて、徹底的に一つのシンプルな剣術の形を正確に打つことをやり続けると、およそ三週間足らずで最速最短で体が切り返せるようになったのです。

驚くことに、形にはそういう、体を統一させて早くする動きがあったんですよね。

あくまで体の切り返しだったのですが、空手の動きに応用すると足がものすごく早く出せる状態になりました。

周りも驚くぐらいに足を一瞬で前に出せるようになったのです。

蹴りに応用すると、前蹴りが以前とは比べ物にならないぐらいに早くなりました。

ところが、伝統派空手には面白いことに「絶対に当たらない突き」というものがあるんです。

「順突《じゅんづ》き」と言います。

分かりやすく言うと、これは、後ろ足を前に出してから突けと教わるのです。

後ろ足を「1」で出しますよね。それで「2」でその足が前の地面についてから突き始めるのです。

後ろ足を出し始めた時点で、相手は「ああ」と思って、その足が前の地面についてから突き始める頃にはその場に絶対にいないんですよね。

なんでこんな絶対に当たらない突きを教えてるんだろう?と思いました。

3 空手の基本動作（順突き）には〝落とし穴〟があった

どれだけ早く足を最速最短で出しても、絶対に二拍子になるという突き。

それが「順突き」だったのです。

これは、そのような形で稽古する突きなのだから、当然なんです。

私は剣術の形をやり込むことで、後ろ足をすっと一瞬で前に出すことができるようになっていました。

それでも当たりませんでした。

これは合理的に絶対に当たらない突きでして、どれだけ努力してもこの教わった動作の通りにしている限りでは試合で使えない。

実際にこの形の順突きを試合で当てている人を見たことがありません。

無理やり相手を壁際に追い詰めて、逃げられない状態にするか、飛び込むようにして間を詰めて打って、やっと当たるかどうかなのです。

その原理、もう一度説明させていただきます。

私の攻撃は二拍子だから当たらないわけです。

腰を出してから、拳を出す。このように1、2で突くと、相手は1の時点で突こうとしていることがわかります。2で相手は反応しており、ガードしたり、バックステップを踏んだりして、攻撃できなくなってしまうんですよね。

この原理、実際にやってみていただけると分かると思います。

だから、大振りのフックとかが当たりにくいと言われるんですよね。肩を思い切り上げたり、ゆすってから振ろうとするから、相手は反応できるわけです。

これも同じで二拍子だからなんですよね。予備動作がある訳です。

そして、順突きの話に戻りますが、後ろ足をまず前に出すように教わります。後ろ足が前に出て「床」に着いてから、突けと教わるのです。

私が学んだ流派だけがそうなのかと思ったら、驚くことに他の伝統派空手もそういうふうに教えているところがありました。

後ろ足を踏み出して、その足が着いてから突くように教えられる「順突き」動作をそのまま組手で出すと、どうしても「二拍子」の動きとなり、相手に避けられてしまった。

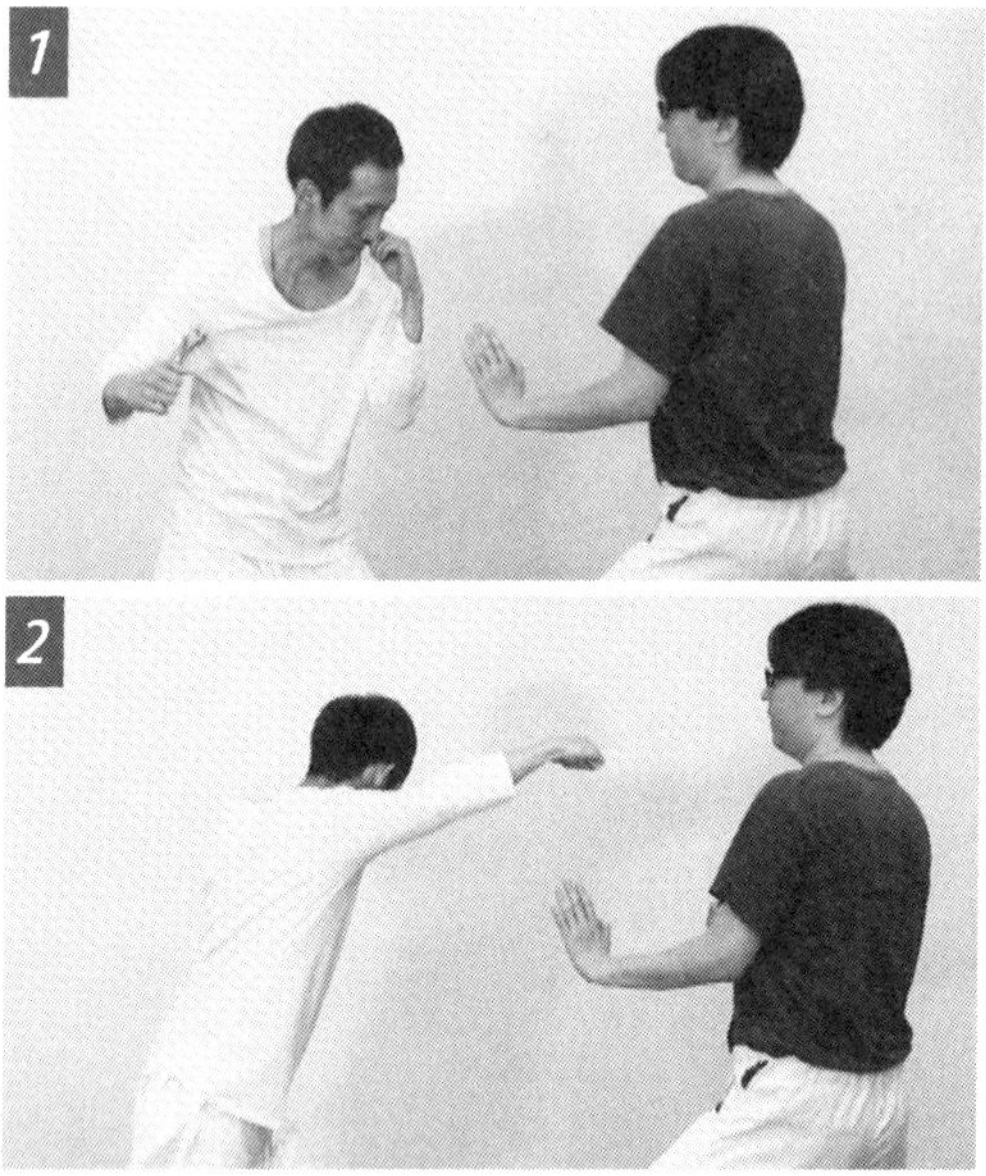

大振りのフックは当たれば威力がありそうだが、予備動作が顕われやすく、避けられやすい。

つまり、後ろ足を前に出す動作で「1」と相手に予備動作を知らせてしまう。それでやっと床に足がついてから「2」で突き始める。

私は剣術の形をやり込むことで足がスッと最速最短で出せるようになっていたのですが、それでも先生に教わった通りにやると絶対に二拍子になってしまっていたのです。

何回やっても、先生の言う通りにやると当たらなかった。相手の反応が出てしまって、軽く対処されてしまう。

そこで私は一拍子が良いということが分かっていたので、手と足を同時に出すというのをやってみました。

そうしたら、驚くことに相手にバシっと突きが当たったのです。

約束組手でも、試合でも、バシっと当

たってしまいました。

先生からしたら、それは「間違っている」ということだったかもしれません。露骨にやっていると怒られる訳です。

しかし、それでも手と足を同時に揃えて出すと、1、2と分割していた動きが「1」だけになったんです。

一拍子の世界というものがそれで分かってしまったのです。動きをひとつにまとめていけばいい、ということは明白でした。

4 一拍子なら当たる！ 〝ノーモーション〟のメカニズム

予備動作があるから、相手に反応されてしまうのです。

ボクシングならパンチを出すときに肩が先に動いてしまうとか、空手なら腰が先に動いてから拳が出てくるとか。素人の方だったら頭を先に振ってしまうとか。

攻撃のアクションの前の予備動作がある。それで相手が分かってしまう。

そのことに、絶対に当たらない「順突き」のおかげで気づきました。

逆に言えば、攻撃を当てたければ予備動作をなくしてしまえばいい。

つまり、肩や腰などを先行させずに、突きと同時に体を揃えて出す。

もっと突き詰めていくと、手を先に出してから後で体を入れていくという動作をすればいいのです。

これは実際に試してみて頂ければ、誰でもできるノーモーションの動きと言っても過言ではありませ

“ノーモーション”のコツは、手から動く！

右列写真のように足の踏み出しから始まる動きは一見自然で安定しているが、予備動作を悟られやすい。左列のように“手から”動くと、予兆のない“ノーモーション”の突き動作となる。

足から動く突き動作

手から動く突き動作（ノーモーション）

“一拍子”で威力倍増！

腰の動きが先行する突き動作（右列写真）では、腰の力が手の力と同期しないが、“一拍子”では腰と手の動きが同時なため、双方の力が合わさってより大きな威力の突きとなる（左列写真）。

腰から動く“二拍子”の突き動作

手から動く“一拍子”の突き動作

ん。

こうすると、「いきなり攻撃が来た」と相手は感じるのです。

先述した「手首で反応してもらう」で実際に検証してみると、こちらの突きはスッとノーモーションになり、相手の反応が遅れるという現象を確認できました。

練習試合でも間合いが取れてさえいれば、バシバシと突きが当たるということがありました。

さらに打撃力も向上するという現象まで起こりました。

今までの二拍子の動きだと、腰を先に出してから手を出すので、安定はしているようでも、実は腰の力が伝わっていませんでした。腰の力が伸びきってから攻撃していたんです。

それに対して、手と腰を同時に揃えると、二つの力が合わさって力が伝達します。

体中の力が生きるようになって、一発突いただけでも相手が怯むようになってきたんですよね。

道場の試合でも打撃スピードが上がり、めきめきと強くなっていくのを感じました。

第3章

達人と子供

～動きには意外な“正解”がある!

1 達人の写真、動きから見つけ出せたさまざまな〝正解〟

これはどういうことなんだ、と本当に驚きました。

なぜ、空手では「順突《じゅんづ》き」という絶対に当たらない突きを教えているのかと思ったのです。

順突きは必ず後ろ足を出して、それが前の床に着いてから突けと教わるのですが、1、2と二拍子になってしまうので相手が反応してしまって当たらなかったわけです。

調べていくと、驚くことに半世紀以上前の空手家たちは順突きに際して手と足を同時に出して突いていたんですよね。

ところが教え継いでいくうちに1、2となった。

分割したほうが教えやすかったという説や、本来の空手は沖縄のもので本土人には「実際」は教えるなという考え方があったという説など、さまざまなものが出てきました。

過去の文献を調べたり、さらには沖縄で空手をやっていたという人たちの古い映像を見ていくと、やはり順突きは手と足を「同時」に出していたのです。

つまり、沖縄空手は一拍子の動きができていました。

ところが私が習った本土の伝統派空手は二拍子になっていた。

古流剣術や実際に使える突きというものに転換するために、一拍子に勝手にしたら本来の空手に戻っていたのです。

いや、普通に考えて本来の空手に戻す以前に、実際に組手をしてみていただければ分かると思いますが、二拍子の順突きは当たらないんですよね。

困った困った、これをどうやって当てられるかを真剣に考えて、本当に当てられるものにしたら本来の空手に自然と戻ったのです。

伝統派空手の教え方に構造的な無駄が入り込んでおり、それが人を弱くしてしまうということは明白でした。

前蹴りでさえも足を継ぎ足してから蹴るという二拍子の動作があったために、先生が私を蹴れないということがありました。

まぁ強い人は先生の言う事を聞かずに勝手に一拍子で動いていたりするのですが。

私は教え継いでいく過程で入っていた不純物を、合理的な思考で取り除いたということです。使えないものが多く、それが何なのかを自問しない人たちがあまりにも多い。

そのために達人との差がものすごく開いてしまう。成長できるかどうかは、明確な基準を決めて、実際の攻防で役立つかどうか。その検証方法をはっきりとすれば、誰でも分かることなんですよね。検証せずにただ考えなしにやっていると分からないことが、はっきり分かるようになると誰でも簡単にできるようになるのです。

私は幻想を叩き殺して、「実際に使えるもの」というシンプルな考え方で体と伝統の不純物を取り除いていく作業を始めたのです。

それから、あらゆる動作を一拍子に変換していく日々が始まりました。

これは肩が先行したな、これは腰が先にビクっと出てしまったな、体が先に浮き上がってバレてしまうな、など。

自分一人で稽古していても徹底的に内側の関節の動き、筋肉の動きを見つめて、一拍子に揃えて突いたり、蹴ったりする。

拍子がなくなるように追求する日々を繰り返し、実際に人に目の前に立ってもらって反応できるかどうかを見るわけです。

次第に相手が手首でも反応できなくなり、指先でやってもらっても反応できなくなるようになりました。

成長が明白に自分でも見て取れました。

そして、それがたまらなく楽しかった。

一日中練習していても楽しかったし、時間なんて忘れるほど熱中しました。

一日10時間以上の練習量をこなしても、まったく飽きることがなく疲れることもありませんでした。

大きな気づきがあったおかげで、練習の質と量が掛け算的に自分を変化させていきました。

ただ我慢強く筋肉を鍛えるというのではなく、本当に効果的な動きを追求する楽しさは半端なものではありません。

どんどんと自分の動きが早く強くなっていくのを実感するのです。

数か月が経つ時点で、すでにすべての動作が「1」でできるようになりました。

さらに道場で練習をすると、目に見えてわかるんですよね。

道場生が一斉に並んで、先生の号令と共に突いたりするわけです。

先生が「いーち」と号令をかけるのですが、「い」で突き終わるようになっていました。それで「にー」というと、「に」で自分だけが突き終わる。

他の道場生が突き始める頃には突き終わるようになっていました。

スピードと反応を徹底的に追究して、先生が号令を掛けるタイミングすら読むようにしていました。

言う寸前で動き始め、一拍子で突いてしまって戻す。

そうすると「い」の時点で突き終わり、そこから他の道場生がやっと動き始めるということになります。

黒帯の人たちもその異変に気付いて、こちらを見てくるのです。

先生も二度見してきたりする。なんで白帯がこんなスピードで動いているのか理解できず、他の道場生もそのスピードに競うように早く突こうとする。それでも、同じように動くことができずに汗をかきながら気合を掛けて努力でカバーしようとしていました。

試合をすると、よりはっきりと分かります。

前拳（ジャブ）にしても、逆突き（ストレート）にしても、間がない状態で突いたりできるので先手を取るのが簡単なんですよね。

こちらの方がスピードが早いので、すこし後から突いてもカウンターを入れることができます。

ゆえにゆっくりと待って、後の先で確実に仕留めることができる。

白帯にもかかわらず、黒帯に勝てる状態にすでになっていました。

2 「本当に有効な動き」を子供がやっていたりする

あらゆる達人の動きを徹底的に分析して調べ上げることで、空手の稽古中に新しい発見がありました。

私が通っている道場に、白帯の子が新しく入ってきたんです。その子が「それは違う」と先生に動きを直されていました。

例えば、拳の握り方が違うと言われていたんですよね。

ところがその拳の握り方は見て、びっくりしたんですよね。昔の空手の達人のような握り方を自然としていました。

親指を拳の腹に畳むように握るのが伝統派空手の正しい握り方だと言われています。

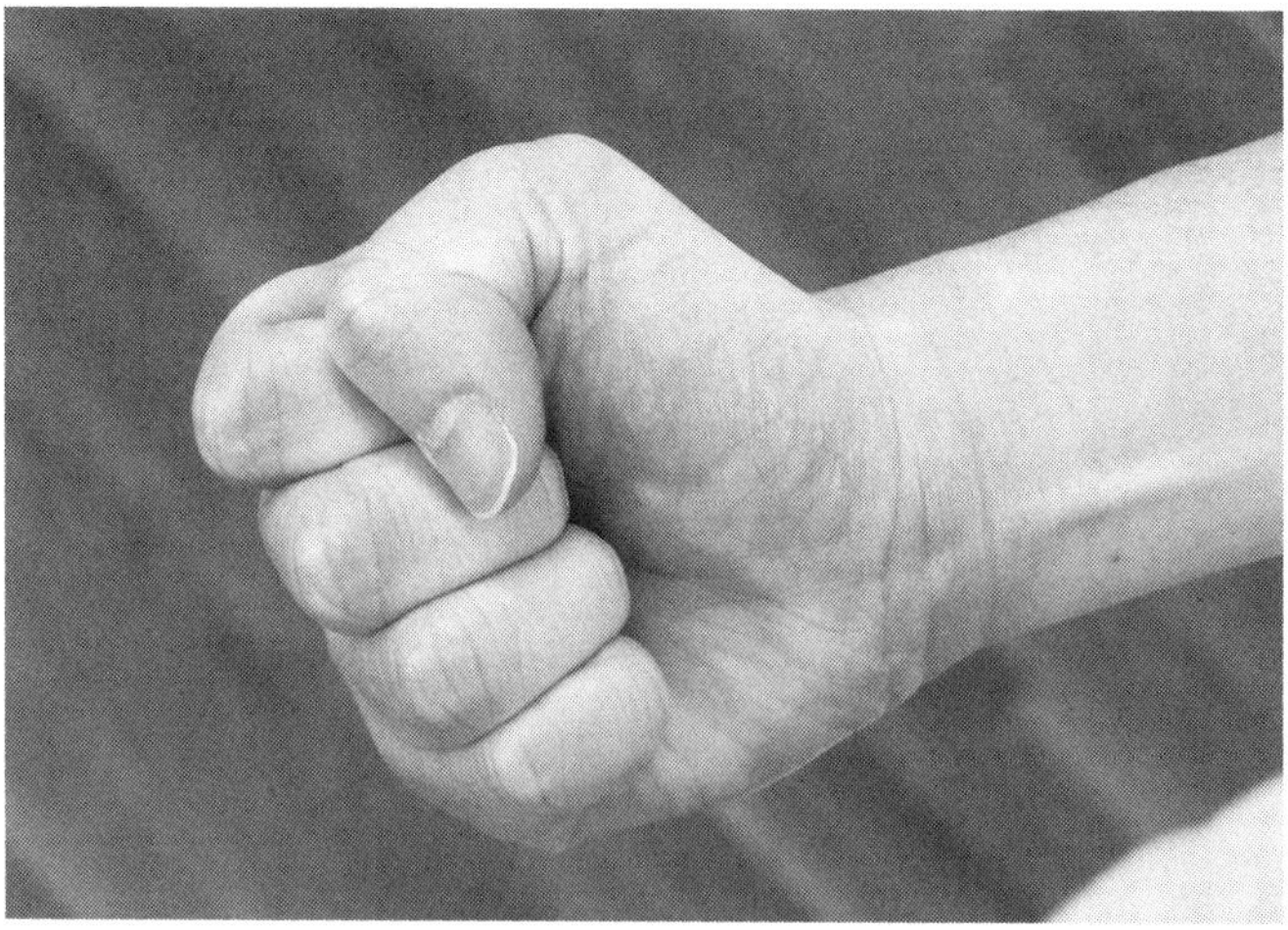

一般的な伝統派系空手における拳の握り。

これが伝統派空手の正しい握りです。

ところが子供は、これとは全然違う握り方をしていた。

親指を拳の横に付けるようにして突いていたのです。

驚くことに、この子供の握り方はものすごく効くんですよね。

本《もと》部《ぶ》朝《ちょう》基《き》という戦前最強の空手家と呼ばれる達人がいるのですが、その方もこんな握り方をしていました。

本部の一本拳と言って、接近戦で本当に相手に効かせるときは子供と同じように握るのです。

親指で人差し指の横を押し込むように握ると、自然と人差し指の第二関節が突出します。人差し指と中指の第二関節で相手に効かせるそうですが、実際にやってみると軽く当てるだけでものすごく相手に響きます。腕の力、体の力が、簡単に伝わって効かせられるのです。

順突きもそうなのですが、白帯の子供は手と足を同時に出していたりします。

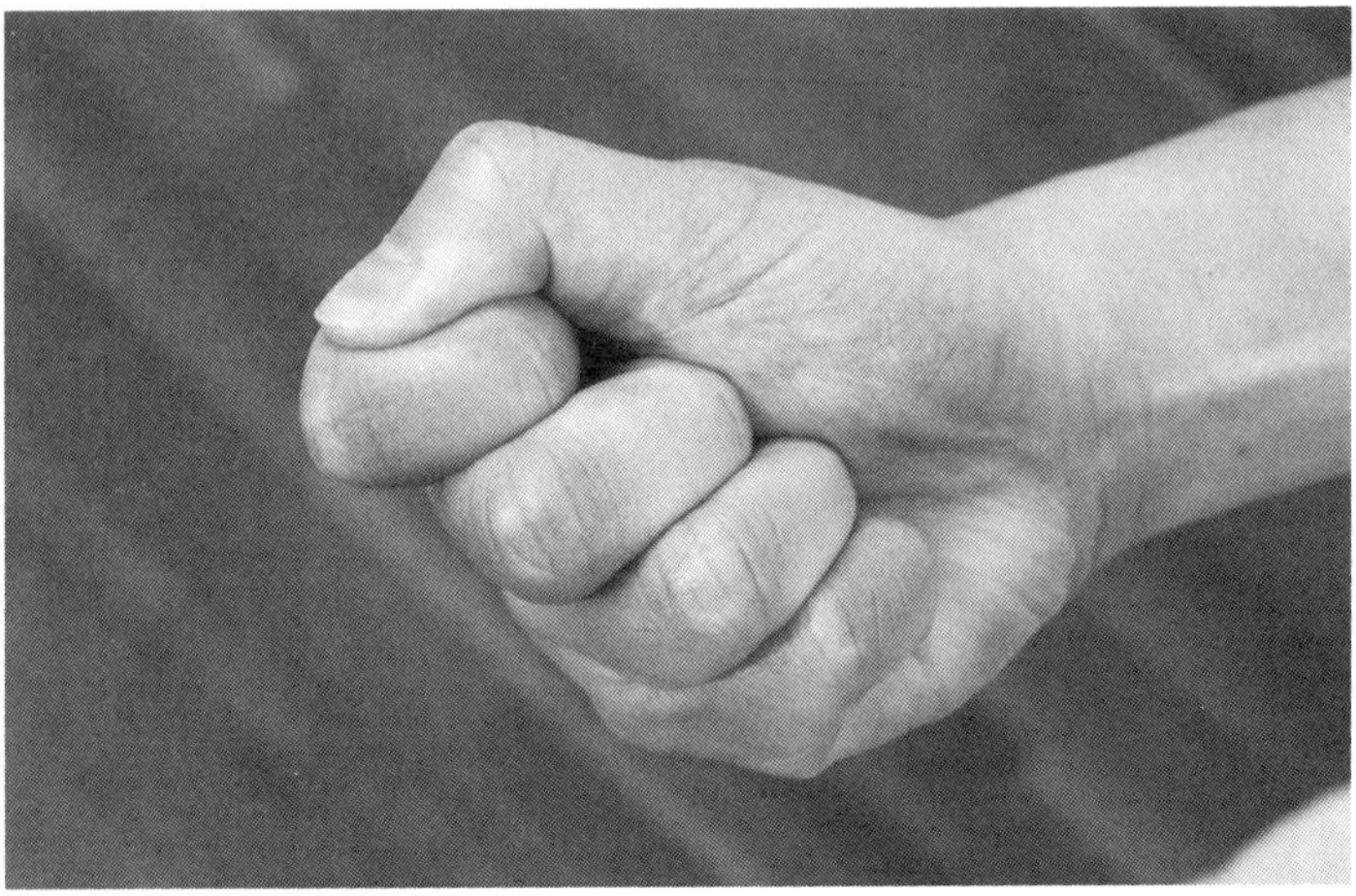

古伝空手の効く拳の握り方。

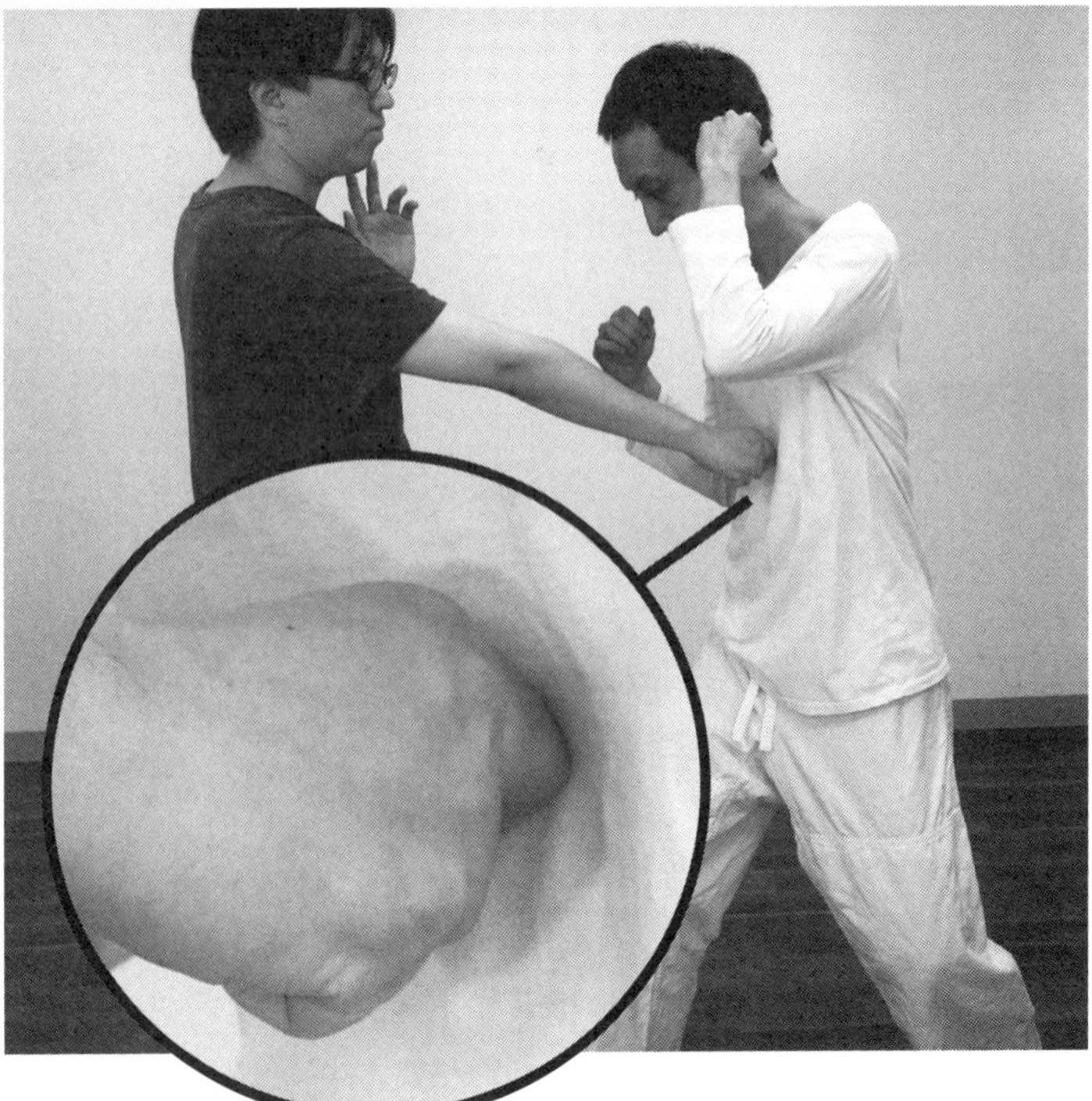

力を集中させる一本拳は、本当の意味で〝効かせる〟突きとなる。

よく教えられるように膝を引きつけ上げてから伸ばし蹴るのでなく、いきなり一拍子で前蹴りが放たれる。子供がやるそんな動きが、実は極めて避けにくい動きだったりする。

蹴り方も膝を上げてから蹴るのではなく、素直に膝と足を同時に動かして蹴ってしまう（一拍子の蹴り）。

立ち方もレの字じゃなくて、どちらかというと古流剣術のような逆T字に近い立ち方をします。

必ず先生に「それは違う」と直される立ち方なのですが。

その古流剣術の立ち方のほうが圧倒的に正面に力が伝えやすいということがあります。

両足の位置がレの字だとかかとから後ろに力が逃げて耐えられませんが、T字立ちだと足裏すべてを使えるので正面に対してとても強くなります。

これが伝統派空手のレの字の立ち方です（次ページ参照）。

古流剣術の立ち方は逆T字になっています。

このように古流剣術は逆T字で立つのですが、それだけで突きの威力がまったく違うものになりました。

道場の試合で相手をちゃんと突くと、前拳（ボクシングで言うところのジャブ）でも相手が吹っ飛んでいくということになりました。ただ前拳を一発当てるだけで勝負がついてしまうようになったのです。子供のあらゆる自然な動きが、達人のそれとほとんど同じでした。そして、それがあらゆる面で効く動きだったのです。

道場に通うと弱くなる、教わると弱くなる、ということがありました。

それに自分は気づいて達人の動きと呼ばれるものを追求するにつれて、本来の空手に自然と戻っていったのです。

人間本来の自然な動きで戦うと、不自然な動きではとても渡り合えません。

相手は弱くなるような動き方を追求しているのに対して、こちらは人間の力が１００パーセント発揮される動きを追求しているわけです。

まったく逆のことをしているので、何回やっても勝つというのは当たり前ですよね。

昔の達人は素直に子どものように動いていたんですよね。

だからこそ、強かったのです。

じゃあ、子供がそのままで強いのかというとそれはまた違います。

無意識的にやっているのでできたりできなかったりする。ときどき、なぜかすごい動きができる。瞬間だけ達人になっているということがあるのです。

昔の戦場では、まるでビギナーズラックのようなことが起こって、素人が免許皆伝クラスに勝ってし

教わらない“逆T字立ち”が強い!?

普通、空手では後ろ足を斜めに向ける“レの字立ち”（左列写真）で教わる事が多いが、子供はあまり考えもなく、“逆T字立ち”をとる。古流剣術でよくとられる立ち方で、実はこちらの方が強力な前方力を作り出す事ができる。

レの字立ち

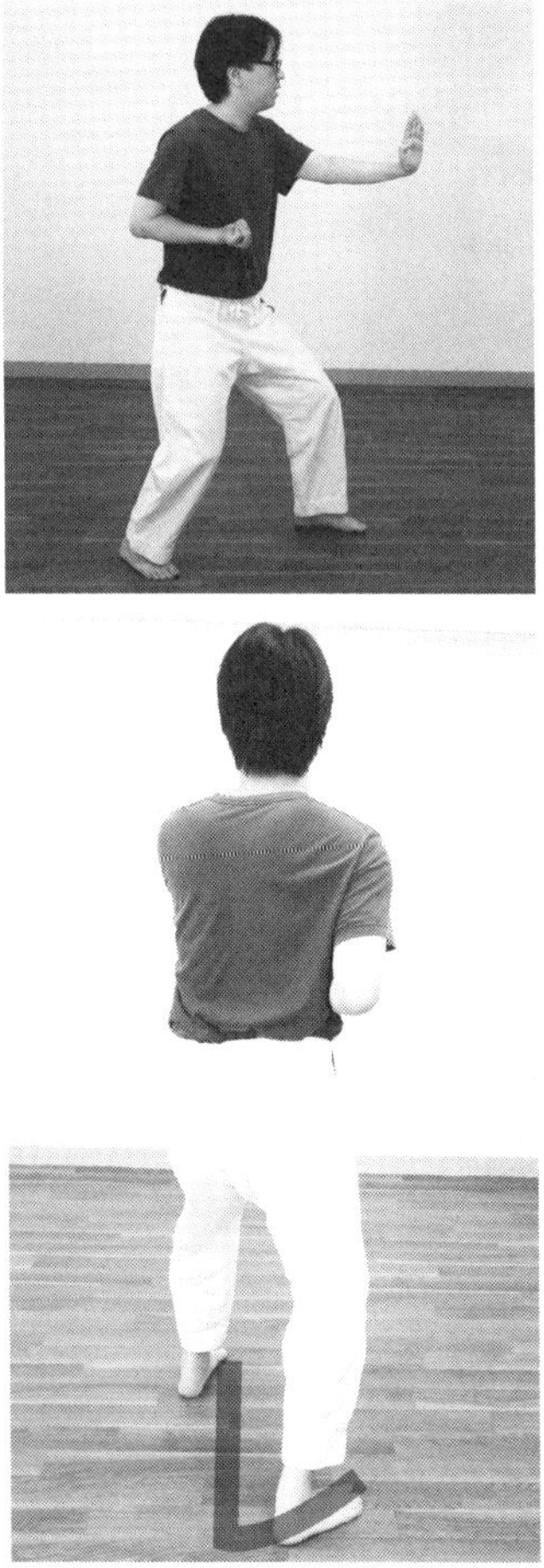

逆T字立ち

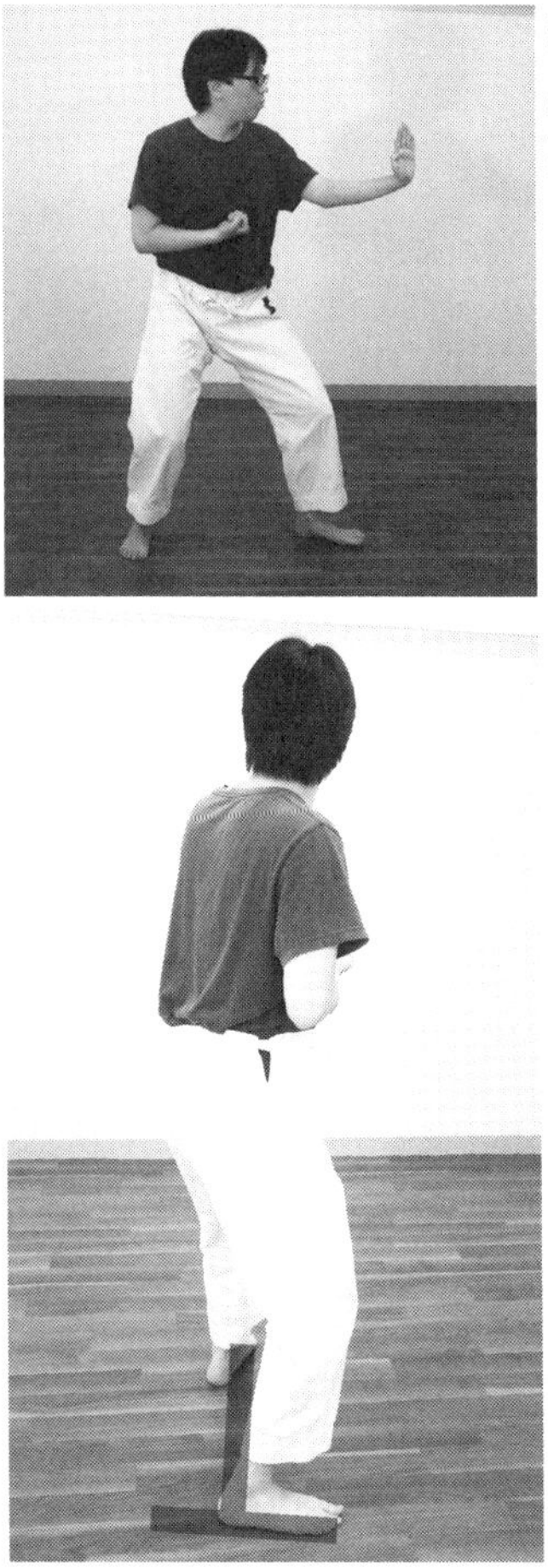

まうことがあったと言います。

この逆転現象は、まさに子供の素直な動きの中にあります。

なぜ、達人になれる人となれない人が分かれるのか、子どもでもできる動きだったりするのになぜ達人になるのに何十年も時間が掛かるのか。

結局のところ、素直にちゃんと検証を繰り返して、この威力とスピードの真実に近づいていけるかどうかなのだと思います。

すごい先生が言っているからとか、やらされているからやるのではなく、自分でちゃんと検証すると何が効く突きなのか、何が当たる突きなのかというのはすぐに分かってしまいますよね。

調べ上げれば、誰でも見つけることができます。

検証すれば分かります。分かればできるようになります。

ゲームと同じです、というと不真面目に感じる方もいらっしゃるかもしれませんが、私にしてみればゲームの検証だって、至って真面目に取り組んだのです。

分からないままやり続けるのであれば、いつか偶然のようにできる、分かる、のを待つくらいしかありませんが、分かった上で取り組むなら、必ず、それもすぐにできるようになります。

そういうアプローチが自分を短期間で成長させていきました。

それでは皆さんがすぐにできる検証方法をお教えします。

逆T字立ちの強さを検証

右列写真のようにレの字立ちで壁を押すと、反作用に体が耐えきれず崩れてしまうが、左列写真のように逆T字立ちで同じことを行なうと、力を体が受け止めることができて、揺らがない。

レの字立ちで壁を押す。

逆T字立ちで壁を押す。

逆T字立ちで突き（零勁）の強さを検証

ここでは、パンチングミットに拳を着けた状態から瞬間的に力を伝える方法（零勁）で検証する。

レの字立ちからでは、そこそこの力しか出せないが（写真右列）、逆T字立ちからだと、足からの力が拳にまで伝わり、大きな力となって発力される。

この現象は、離れた位置からの突き、パンチにおいても、瞬間的に同様に起こる。

逆T字立ちからの突き

レの字立ちからの突き

◉誰でも逆T字立ちの強さが体験できる検証方法

まずは普通に両足をレの字にして立ち、壁を押してみてください。

ぐいぐいと壁を押した時に足元から崩れて力が逃げていくのが分かると思います。

次に後ろ足を真横にする形にしまして、逆T字立ちになってから壁を押してみてください。これだと強く押しても後ろ足の足裏の外側ががっと地面に吸い付いて押すことができると思います。

今度は人で二つの押し方を交互に試してみてください。

まったく押せる感覚が違うことに気づくと思います。

明らかに逆T字の方が伝わる力が増していることが分かると思います。まったく後ろに力が逃げていかないですよね。

この状態で突くとものすごく効くのです。

(注意点としてはかかとを上げないこと。もしもかかとを上げると足裏を使うことができず、どんな立ち方でも足の力を伝えることができません。できるだけ足裏はすべて地面に接地した状態でやると効果がはっきりと体感できると思います。)

3 "正解"の応用可能性はスポーツにも！

現代スポーツの何が問題なのかというと、泥仕合のようなことをしているところにあります。

筋肉を付ければレベルアップしていくか、というと、その方向性には限界があります。

別に筋肉を付けることは悪いことではないのですが、結局はドングリの背比べになりますよね。

それは、そもそも立ち方がちゃんとできていないと、どれだけ頑張っても耐えられないということがあるからです。

弱い立ち方や無理な姿勢を取っているのに、どれだけ鍛えていてもパワーを発揮できるわけがないのです。

人体の構造は複雑と言われますが、ちゃんと検証すれば力が伝わっているかどうか、打撃が効くかどうかは簡単にわかることなんです。にもかかわらず、その打撃力を向上させるアイディア一つ取っても、ものすごく考えなしでなされているんですよね。

ただパワーを鍛えればいい、という世界がウェイト・トレーニング重視のスポーツの世界です。

しかし、トップアスリートとなると、やはりそこは違うのです。〝達人〟のような動きができていたりするんですよね。

筋肉をいくら付けてもその差が縮まらないということを自覚しない限り、「正解」には辿り着けないですよね。

例えば、瞬発力。

筋肉の収縮をいくら早くしても体が二拍子になっていると、パンチは当たらないものなのです。腕をぐんとスピード早く動かしても、どこかに予備動作がありますと誰もがそれを見切って避けることができます。

避けることができなくとも、反射的に体を守って腕でガードできたりしますよね。こうなると打撃は思ったよりも効かないわけです。

ボクシングでは「見えないパンチ」が効くと言いますが、これは反応できずにガード姿勢を取ったりできないからですよね。

耐えたりすることができない。

拍子がなくなればなくなるほどに見えないパンチになっていくわけです。

武術的なスピードを導入すると、思いのほか楽に動いても相手に簡単に突きを当てることができます。そして、思ったよりも効く。相手が反応できなければできないほどにダメージがあります。

この一拍子の動き、さらに突き詰めていくと拍子がゼロに近くなっていくのですが、そういう動きを現代スポーツに導入するとどういった現象が起こると思いますか？

特に野球が分かりやすいです。

例えば、超一流と言われるバッターは一拍子で振ることができています。しかし、いつも必ずできているという訳ではなく、一拍子で振れていないこともあったりします。

振れていない時は成績が伸びないということがあるのです。

なぜ一拍子でバットを振れると成績が良いのか。

バットを最短最速で出せると、思ったよりもボールを「待つ」ことができるのです。

瞬間で出せるとなるとバットが早いわけですから、待ってから出してもボールに対して間に合う。

0・05秒ぐらいの時間が浮くんですよね。

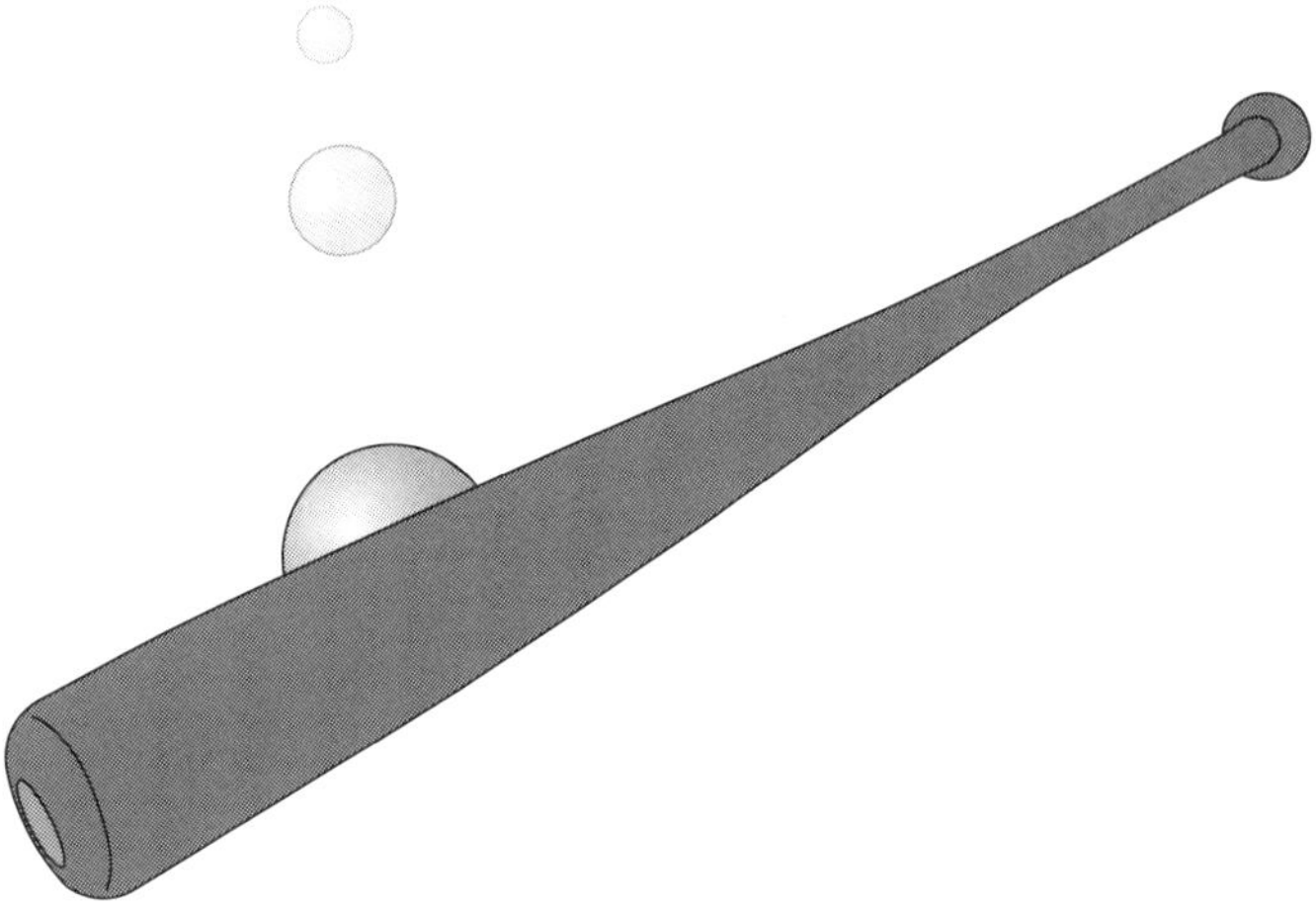

武道で言うところの「後の先」というものができるようになります。

野球の場合、ボールは最後の最後まで見たほうがヒットの確率が上がります。なぜかというと、ボールは最後の最後まで変化しているものだからです。

変化球だけではなく、ストレートでさえも思ったよりも伸びたり、おじきをしたりすることでキャッチャーミットに収まる瞬間まで変化しているものなんですよね。

最近ではカットボールなどが流行っており、バッター手前で変化するボールが増えてきていますよね。

それを打とうと思うと、最後の最後までボールを「よく見る」必要があるのです。

もしもバットの振る速度が遅いと、待てない。

つまり、二拍子の場合は早め早めにバットを振らないと振り遅れてしまうわけですよね。

二拍子のバッティングだとボールを最後まで見ることができません。

ところが一拍子でバットを振れると、ぎりぎりまで引きつけてもボールに間に合うわけです。

そうなると最後の最後までボールの変化をじっくりと見ることができるので、ヒットの確率が上がるんですよね。

野球も私は見たりするのですが、一流選手でも好調なときは一拍子で動けていて、調子が悪い時はバットがうねったりして、一・五拍子になっていたりするんですよね。

それでぱっとその人がどれだけ打てるか分かってしまいます。

振り遅れ具合のようなもので簡単に分かるんですよね。

もし、トップアスリートたちが武術の一拍子というものを理解できるようになると、好不調の波が思ったよりもなくなると思いますね。

理屈だけでは意味がないので、バッティングで一拍子になるコツをお教えします。

それは必ず手でタイミングを取ること。

理由は、体でタイミングを取ると体が先に出てしまうから手が振り遅れてしまうのです。つまり、わずかに「手を先に出す」ということが一拍子のコツです。

手が出るのに対して体を添わせる形にすると、必ず体が揃うので一拍子のスイングになります。さらに体が揃うとすべての力が乗ってきて威力が増します。その上でバットはできるだけ寝かせて、最短距離で素直に出せばいいです。

（どちらかというと地面に平行に近いレベルスイング、あるいはややアッパー気味のスイングが理想です）

この最速のスイングだとボールを待てるだけ待てる。ゆえにボールを見切りやすくなり、ヒットの確率が上がるんですよね。

また足裏はできるだけ柔らかく踏んで、スイングの瞬間ですら両方の足に平均的に力を掛けること。そうすることで軸が生まれ、上体が安定してボールを最後の最後まで見つめ続けることができ、スイング軌道まで安定するのでジャストミートすることができます。

逆に確率の低いスイングをするバッターは片足に体重が掛かり過ぎており、スイングの瞬間に上体がブレにブレてボールを見失っています。

ボールを見失って打てるわけがないのです。

ボールは最後の最後、バットに当たる間際までとらえ続けていなければなりません。もし、確率の高い打撃をしようと思ったらです。

これは武術でも同じことで、最後の最後まで相手を見つめておかないと打撃が外れたりするんですよね。

打撃プロセスは、どこかで〝見切り発車〟のような状態になります。それをどこまでギリギリ粘って、追い続けられるか、そこで決まってくるのです。

早々に〝見切り発車〟してしまい、見失ってしまった状態では、たまたま当たるか当たらぬか、という世界です。それでは話になりません。

必ず最後の最後まで相手を見切っておく。そうすることで、打撃を的確に命中させることも可能になるのです。

ボールを「よく見ろ」とはよく言ったもので、そのシンプルなことを実現するためにはこういう技術が必要だったんですよね。

実際のバッティングにおいて、当たる瞬間までボールを目視する選手はほとんどいないそうです。でも、バントならいるでしょう。違う技術になってしまっているなんて、おかしいと思いませんか。どちらも同じように、正確に当てなければならないはずなのに。

バントよりヒッティングの方が大雑把にやってしまってよい……訳がないのです。

4 一拍子（ノーモーション）の動きを習得する練習方法

それではどうやったら読者の皆さんが一拍子（ノーモーション）を習得できるのか？

武道でも格闘技でも、スポーツでも応用することができるこの動き…ノーモーションを習得する、とても簡単な練習法があります。

それをこの項目ではお教えしましょう。

一拍子なのか、二拍子なのかを知るために、まずは拍子について、さらっと感覚をつかみましょう。

ポンポンポンと、1回0・1秒ぐらいの感覚で手を叩いてください。

3回軽快に手を叩くわけですが、合計で0・3秒ぐらいに収まるようにしますね。

どれぐらいの調子かというと、かなり短い感覚で手を叩くわけですね。
1、2、3と拍子を取って、そのうちの1で動きが済んでいれば一拍子ですね。

一拍子（ノーモーション）の練習方法

まずはポンポンポン、と手を打って〝拍子〟を体に覚え込ませる。その上で今度は〝拍子〟を心の中で打ちながら、突きなどの一動作を行なってみる。すると、いくつの拍子のうちに一動作を終えたかが自覚できる。できたら、今度はその〝拍子〟を少なくして行く。体を動かす肉体スピードを速めていくのではなく、〝いきなりすべてを終えてしまう〟ところを目指す練習だ。

構えた状態から、心の中で〝拍〟を打たせつつ、一動作を行なう。

突き動作を完了させるまでに、心の中で〝二拍〟が打たれた。動作は〝二拍子〟になっている。これを「全部を一気にやってしまう」要領で、〝一拍子〟に近づけて行く。

2で済んでいれば二拍子ですね。

さて、次に鏡を見ましょう。

読者の皆さんがやられているのは格闘技でしょうか？、それとも野球でしょうか？、剣道でしょうか？

なんでもいいのですが、その、ご自分の基礎動作をやっていただきたいのです。

ここではひとつ、空手の正拳突きということにしておきます。

どんな動作に置き換えてもらっても構いませんが、鏡を見ながら、一動作を動いてみてください。

さっき、ポンポンポンと三拍子取ったわけですが、例えば鏡に向かって突いたとします。

最初はできるだけ全力で突いてみて、突きの起こりから終わりまで見てください。

もし、一拍子ならばさっき手を叩いた最初の1回目のタイミングで動きが終わっているはずです。

もし、二拍子なら2回目の拍子のタイミングになっているかもしれませんね。

三拍子ならば3回目のタイミングに動きが終わってるかもしれません。

さすがに三拍子の方は珍しいと思います。だいたいの方は二拍子だと思います。

中には一拍子でできている人がいるかもしれませんが、その人はその動きを基本にしてすべての動作を一拍子にしていけばいいんですね。

ここで重要なのは、トータルタイムよりも〝拍子〟です。だから、心の中で打つ拍子との兼ね合いこそが大事です。速いスピードで動こうとするよりも、心の中で一拍打つうちにすべてを完了させてしまう、そういう早さを目指して下さい。その早さに適うのが一拍子の動きです。

鏡を見ると、一拍子の動きは案外と味気なく見えますね。

一拍子（ノーモーション）の検証方法

自分の突き（寸止め）を手で払ってもらうことで検証。構えている所へ突き込むので、二拍子以上の動きは必ず避けられるが、一拍子の動きができれば相手は反応できない。

一拍子

二拍子

スッと、突いているだけに見えます。一見すると強く見えない動きなのです。

それでは二拍子の方向けの話をしましょう。
1、2、というタイミングで「よっこらっしょ」と突いているわけですね。それを〝よっ〟、ぐらいで突くようにすると一拍子になります。
鏡を見て、もう一度突いてみてください。どこから始まっていますか？

肩からですか？　それとも腰からですか？

もしも空手をされていたら、腰からうねるように手が出てきているかもしれませんね。

あるいは、肩からうねるように手が出てきてるかもしれません。

野球のバッティングならば、後ろに手をしならせるように引いてから出てきているかもしれませんね。

これが拍子をツーテンポにしているわけですね。

そこで鏡を見ながら、腰が出るタイミングで手を同時に出してみてください。すると、1、2がいきなり1でまとまって動くようになると思います。

バッティングならば最初からバットを寝かせておくように工夫するなどでもいいですよね。

どういったやり方でもいいのですが、拍子がなくなっていけばいいんです。自分がやりやすいように工夫してみてください。

こういった、鏡を見ながら動作をチェックするような簡単なことでも、ノーモーションを習得することができるのです。

ワンテンポ、つまり一拍子で動けるようになると、すっといきなり手が出てきているように見えるはずです。

どんな動作でも、まずポンポンポンと三拍子を手で取ってから、一動作の始めから終わりを鏡で見てみると一拍子かどうか確かめることができますよね。

すべての動作を同時にしていくと、必然的に一拍子になっていきます。

1で動くようなるわけですね。それを突き詰めていくと、手から先に出してそれに体を合わせるようにしていくにつれて無拍子になっていきます。

打つ前の予備動作となっている癖を、鏡でチェックすることで「ここが先行しているな」「ここが先に動こうとしているな」と気づいて、簡単に自分でなくしていくことができるわけです。

5 一拍子（ノーモーション）ができているかどうかの検証方法

空手でも剣術でもなんでもいいのですが、相手を取ってやるのが一番簡単です。

ちゃんと一拍子で動けていると、相手の反応が二拍子よりも遅れているのが分かると思います。

そこでまずは相手に目の前に立ってもらいます。そして、平手を掲げて構えてもらって、あなたがそこに突いてみるわけですね。相手には、自分の突きを軽く払ってもらいます（決して相手には当てないでください。寸止めで十分わかります）。

最初は1、2と二拍子で突いてみてください。

腰から動き始めて、その後に手を出すと相手はしっかりと、突き出された手を払うことができると思います。

次は動きをまとめて、一拍子で突いてみようとしてみてください。

もしもちゃんと動きが一つに統一されて、すぐに突き出すことができていると相手の手が払われるのがちょっと遅れるのが確認できると思います。

相手が払うよりも突く方が早ければ、十二分にノーモーションになっている証拠です。

そのスピードは、攻撃を当てるのに非常に有効です。

これは、単純な筋肉的な早さではなく、モーションがなくなることで起きる現象です。

6 一拍子（ノーモーション）の応用はいくらでも

オリンピックの金メダリストともなれば、一拍子の動きができている人がいます。

何も打撃に関することだけではないのです。投げにも応用することができます。

柔道の種目でオリンピックを三連覇されている、ある金メダリストの動きを映像で見てみたのですが、一本背負いに入るまでがまさにノーモーションでした。

投げでこのモーションのなさだともう相手は反応できないんです。気づいたら万全の姿勢に入られて投げられてしまうわけです。

全盛期の金メダリストたちの予備動作のなさは、素晴らしいものがありましたね。つまり、ノーモーションで投げに入ることができれば、柔道でも優位に立つことができるのです。

組み技系“崩し”における一拍子（ノーモーション）

柔道における引き崩し。力比べではなく、相手が反応できるかできないかが重要であり、よってここに一拍子（ノーモーション）の動きが活きてくる。

一拍子で崩しをかけられれば、相手は反応できず、容易く崩れてしまう。

一拍子の崩し

二拍子の崩し

足を掛けたり、体を翻したり、引き付けを完成させたり、すべてがノーモーションでやられると相手はひとたまりもありません。

本当は打撃よりも投げの方が厳しいですよね。いきなりそれを接近状態でやられると、対処しきれなかったりします。

組んでしまうと間合いをあけて、という選択肢も取ることができないので、柔道の方が武術的なスピードが有効なんですよね。ですからこの考え方を応用してくださって、鏡の前で自分の崩しや投げの動作をチェックしてみて下さい。

相手に悟られないスピード、つまり一拍子でできているのか。

崩しから投げに入るまでがノーモーションになっているのか。

こんな単純なことを重んじるだけでも、全国レベルで通用するようになると思いますね。

金メダリストたちの技をただ「速い！」と驚くのでなく、〝拍子〟に着目してみて下さい。分かることは必ずできるようになります。

金メダリストたちはある意味、ノーモーションで投げに入れているときはとても活躍し、それができなくなったら引退していくわけです。

一拍子というものは、とても大切なことなんですよね。

コラム

お金をもらってやらされてる人が、好きでバカみたいにやる人に勝てない理由

（戦車乗りのポコタロウ）

トッププレイヤーたちに共通している点は、通常ありえないことをしているということでした。

それは単にプレイングがありえないぐらいにうまいだけではないのです。

そのプレイ能力を実現するために、そこまでするのかということがありました。

戦車乗りでダントツトップと言ってもいいプレイヤーがいました。その名もポコタロウというプレイヤーです。名前はふざけていますが、そのプレイヤーとしてのスキルは悪魔的です。

あるプレイヤーがこう漏らしていました。

「後ろにいるのに戦慄する」

なぜ、そう言ったのか。明白な理由があります。

私がやっていた戦争ゲームは、白兵戦モード（つまり、歩兵のみ）もあるのですが、兵器を用いたモードも存在します。

その中でも第二次世界大戦を舞台にしているだけあって、戦車がものすごく陸上戦で強いんですよね。一番と言ってもいいです。ライフル銃でいくら撃ったって、その鉄の装甲のために弾かれます。

そこでバズーカ砲を持った兵士を使うわけですが、そのバズーカ砲ですら三発当てないと戦車は倒せないのです。下手なプレイヤーでは絶対に歩兵で戦車に勝てない。バズーカ砲を一発当てたところで、そのうちに戦車の砲撃で一瞬で倒されてしまうからです。その後、敵の味方の工作兵が戦車を修理して終わりです。

ところが、戦車を一発で落とす手があるのです。

それは戦車の後ろに回り込んでエンジン部分に、バズーカ砲を撃ち込むことなのです。エンジンにバズーカを直撃させると、一発で爆発するかのように戦車が壊れます。

私は戦車がやってくると橋の近くの草むらに隠れて（必ず橋を通らなければならない道があるので）、通り過ぎた瞬間に後ろからバズーカ砲を撃ち込んで一発で倒していました。なぜかというと、ところが、ポコタロウの戦車だけはまったく全然落とせなかったのです。なぜかというと、ポコタロウは後ろを見る能力に異常なほど長けていたからです。一気に戦車の砲台を三百六十度旋回させて、後ろまで索敵してしまうんですね。その索敵能力が異常なほど高かった。

振り返る速度もダントツで早く、さらに加えて一気に三百六十度やってしまうから、後ろに回り込んだことにも気づかれてしまうわけです。それでどれだけのバズーカ兵が葬られたか分かりません。振り返られて、戦車の砲撃で返り討ちにされるんですね。

ポコタロウはそういった振り返り能力に長けているために、他の兵士たちは後ろに近づくこともできなかったのです。

「後ろにいるのに戦慄する」

まさにこの言葉は、ポコタロウのプレイング能力がもたらしていました。

彼は戦車乗りとして、砲撃の射撃精度、旋回スピード、位置取りなど、あらゆる面で優れており、ほとんど誰も触れることができないという有様でした。

なぜ、そんなに優れているのか。

ふと気になって、彼のブログを読んでみたんですよね。

そうしたら驚かされました。

彼は「ただの」ゲームをやっているにもかかわらず、ブログで「こういう練習を積んでいる」

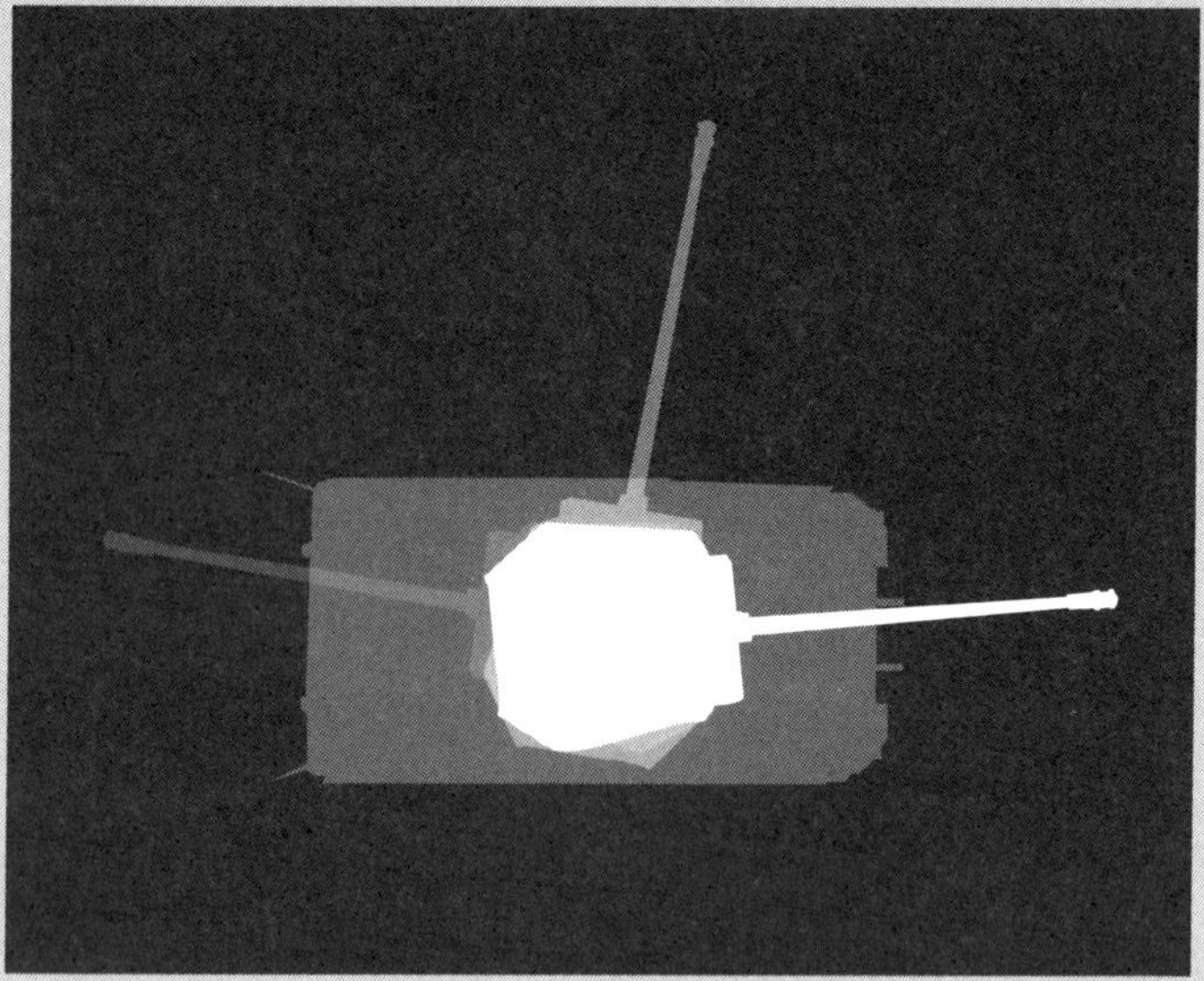

とか「こういう研究をやってみよう」と数年以上にわたって丁寧に書いていました。ゲームをやっているにもかかわらず、「自主的」に練習研究していたんですよね。そうして、そのプレイングを発見した。戦車が強い。しかし、その強さにも欠点がある。その欠点を克服する方法は何かを考え尽した。

そして、見つけ出してしまったわけです。

三百六十度旋回。

自分の意志で「自主的」に研究して練習を積み上げ、何年もスキルを向上させ続けた。当たり前の事なのに誰もなかなかできない。

好きなことだからこそ、できたんですよね。

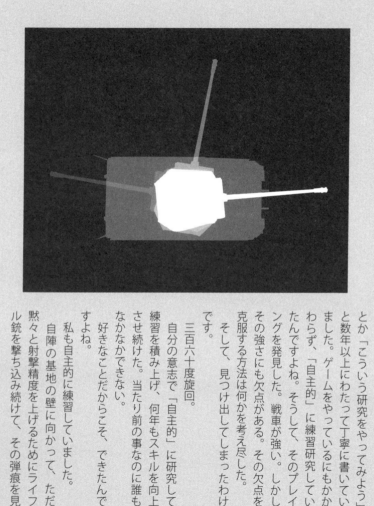

私も自主的に練習していました。

自陣の基地の壁に向かって、ただ黙々と射撃精度を上げるためにライフル銃を撃ち込み続けて、その弾痕を見て、どう当たっているのかを確かめたり。

ああ、弾痕が上にこれぐらいの距離感であがっているな。

じゃあ、この撃ち方ならどうだろうと熱心に研究を積み重ねていました。

他のプレイヤーが「何やってんだ」と言わんばかりに観ていて、仲間なのに攻撃してくることもありました。

私はポコタロウのプレイングを吸収して、戦車乗りとしても頭角を現すようになりました。

ポコタロウとの本気の潰し合いでは、なかなか彼の居場所をつかめなくて苦戦しましたが（位置取りがうまいためにマップに移動しながら隠れている）

戦車の正面戦では彼はクラン（ネット上の仲間を集めたコミュニティ）を組んでいて何人ものトッププレイヤーで周りをガチガチに固めているために、なかなか単独では勝つことができませんでしたが。

私は常に単独行動だったので神出鬼没に奇襲をかけることができたんですよね。

彼が戦車に乗る前に見つけ出して、瞬間的に伏せの姿勢を取ってライフル銃で撃ち倒しました。あるときは私がマップ端を車で移動して後ろの山から乗り付け、突然彼の背後に現れて、驚いているところに攻撃を加えたりしました。

数年後、最後の最後で彼と再会した時、一対一で行った戦車戦の結末だけは秘密にしておくこととしましょう。

第4章

意外な威力を出すには?

～"全身一致"の追究

1 〝一拍子〟で生まれたのはスピードのみならず〝威力〟も！

より一拍子を深めていくと、打撃力が向上するということがありました。

子供のような自然な立ち方で、合理的に体を使うことで確かに力を伝えられるようになったということは前章でご紹介しましたが、それだけでなく、一拍子でちゃんと打撃を打ち込むことで向上したものもあったのです。

本当に体を揃えて一拍子で突くと、相手が吹っ飛んでいく。しかも前拳（ジャブ）のような簡単な打撃でも、２、３メートルぐらい相手が吹っ飛んでいってしまうのです。たった一発の前拳を当てただけで試合が終了するということが何度もありました。

防具を付けていても、まったく意味がありませんでした。

周りからしたら「ありえない」「何が起きたんだ」「すごいパワーだ」というふうになったんですよね。でも、まったく私にはそれほど誇るべきパワーはありませんでした。

身長も当時１６８センチメートルで、体重も落ちていて60キロ台になっていました。道場でも大きいとは言えない部類に入ります。

なんでこんなパワーがあるのか、という、周りからしたら意味の分からない状態だったと思います。

あんまり効かせると問題なので途中からはほとんど当てなくなったのですが、体を揃えて一拍子で打てるようになると、それだけで打撃力が桁違いに向上したのです。

ボクシングの世界チャンピオンのノーモーションとは違うことは明白でした。体の力がすべて伝わるような感覚があったのです。

2 メカニズム「全体重が一気に乗る」

私が「一拍子で突く」と言っても、ただちょんと軽く突いているわけではないんです。肘を動かしてちょんと突いているだけだと、これはボクシングのジャブになってしまいます。そうではなくて体を揃えて、前拳に乗せるように突いているのです。

もうすこし詳しく、この打撃力向上のメカニズムを説明させていただきます。

まず具体的に私の打ち方を話すと、前に左拳を構えていたとしますね。

私の場合、それを何より先に突き出していきます。突き出している最中、その左拳に沿うように体を後から乗せていくのです。

そのときに足裏はできれば地面に柔らかく着いているか、あるいはすり足のような形で入っているのが望ましいです。

前拳が相手に当たった瞬間、私は地面を柔らかく踏みしめます。地面の反発力を得ながら体重が前に完全に入っていきます。それだけで全体重がすこーんと相手に抜けていってしまいます。

突きに全体重が乗り、相手がバランスを崩して吹っ飛んでいくほどの威力となります。

通常の打撃の場合の話をすると、わかっていただけるかもしれません。

〝全体重が乗る〟前手突き

左の前手を〝手から先行〟させるように突き出す。両足の踵は上げず、地面を柔らかく踏みしめるように。すると、地面の反発力を得ながら、体重が前方に向かい、拳に乗って、相手が吹っ飛ぶほどの威力となる。

一般的な前手突き

より大きな威力を出そうという意識から、腰、肩をねじって突く。しかし、この方法だと拳が当たる瞬間には腰は伸び切った状態になってしまって、力は伝わらない。上体と下体の動きがバラバラなので、体重も拳に乗っていかない。

通常の打撃、と言っても人によって違うかもしれませんが、より威力を出そうと、そしてそれをスイング力で出そうと、腰をねじろうとします。とくに打撃力が高くない人は腰や肩から先に動かし始めて、拳をそれに従わせて突き出していくわけです。

ところがその腰や肩のねじりは、突きが当たる瞬間には終わっているのです。驚くことに腰や肩のパワーは最初の出始めからすこしのところが一番強く、終わりにはもうほとんど何のパワーを持っていないことがあります。

これは筋肉について理解していただけると分かると思います。

腕や足を伸ばし切った状態で壁を押してみると、もう押せないですよね。伸びきった状態では筋肉に力は入らない。筋肉は曲げた状態から伸ばすまでの間に、力を出力することができるわけです。

他の方は腰を先に動かすことで、力を乗せて突くことができていると考えられているかもしれません。しかし、拳が当たる瞬間には腰が捻転し切っているので（伸び切っているので）何のパワーも伝えられないんですよね。

腕だけの力で突いておられる方もいます。でも、やはり腕だけの力だと大したことはないので威力が出ませんよね。

この筋肉の原理を理解していただけると分かると思いますが、腰と手は同時に揃えて出すか、あるいは当たる瞬間に腰を入れたほうが威力が大きいのです。

また、伝統派空手のほとんどの方がステップをぴょこぴょこ踏んで地面から浮き上がっているので足の力が生きることもありません。

ボクシングの世界チャンピオンと言えども突く瞬間に後ろ足がつま先立ちになっていて、地面を踏みしめることができない人がほとんどで、本当の意味で体の力が乗った打撃力を出すことはできないのです。腕と上体の力を伝えるのが限界で、下半身の力が「生きる」ということがありません。

伝統派空手から現代格闘技の選手たちはほとんど足が浮いて死んでいるし、力の伝わらない姿勢で突いている人が多いですね。〝機動性重視〟と言うべきかもしれませんが、そういう動きの中で放たれるパンチは、真に身体を最大限に活かした、想像を超えるほどの威力を持つパンチではありません。

体を使い切った真の打撃力を発揮することはできないのです。

3 打撃力を向上させるあらゆる術理を発見する

打撃力を向上させるためにどういう術理を使ったのか、なぜこんな身体の操作をしていたのか、ということですよね。

伝統派空手をそのままやっていたら、絶対にありえない体使いを私はしていたわけです。

ぴょこぴょことリズムを刻むようにステップを踏めと先生からは教わります。

しかし、私はステップを踏まずに自然体で山のように立っていて、必要があったらすっと動いて突くだけ。それで勝ってしまうわけです。

私は、ある時期からスピードが出てきていて攻撃は当たるようになっていました。それで次に試合を決着するものは「打撃力」ということになってきた時がありました。そこで生まれた研究テーマが「何をしたら打撃力が向上するのか」だったんです。

このときに、あらゆる試行錯誤がありました。

徹底的に情報を収集して（格好良く言っていますが、武術に興味があるから見ていっただけです）、大量に試していきました。

それがものすごく楽しかったんです。

自分の流派に対するこだわりがまったくなく、あらゆる流派の優れたところを積極的に吸収し、その中から優れた技法を抜き出していきました。

なぜ、そういうことをしたのかというと、満足するような打撃力を持った人が自分の流派にいないわけで、なら流派にこだわる必要がないんですよね。

本当に素直に目的に沿って、楽しく行動していただけなのです。それはさながらゲームを攻略するような楽しさがありました。

「打撃力を上げるのは何かな？」

というぐらいの本当に簡単な感覚で次々と試していったのです。

もちろん、その試行錯誤の中で千通りもの選択肢があったとしたら、九十九パーセント以上は外れだったりするわけです。九百九十何通りが外れな訳です。

中には拳を内側にねじりすぎて、左肩を痛めてしまったこともあったりしました。これは左肩が上がらない、となって治るまで休む必要があるほどでした。

ところが本当に「これは効く」という術理も叩けば叩くほど純金のように現れ、次々と試せば試すほどに見つけることができていったのです。

検証方法はシンプルに二つ。

① 人にミットを胴に構えてもらって、それをシンプルに突く。

そのときに相手の姿勢がどれぐらい崩れたか、ミットを突き通してどれだけ相手に衝撃が伝わっているのかを相手に聞くわけです。また相手の姿勢の崩れ方を見たり、ダメージの手ごたえを感じたりしながら確認していました。

② 石の壁に対して手のひらで打ち込む。

これは家の石壁でも外にあるコンクリートの壁でもいいのですが、できるだけ頑丈な壁に対して開掌で打ち込むわけですね。そうすると、相手は壁ですから自分の姿勢が崩れているか簡単にチェックすることができます。

試しに伝統派空手の正拳突きを教わった通りにやってみました。

そうすると、一番目の検証方法においてさえもミットを打った時に上体が崩れるんですよね。どういう崩れ方をするかというと、右の正拳の場合は右半身から崩れていく。そして、かかとから力が斜めに

“威力”の検証（壁打ち）

頑丈な壁に対して開掌で打ち込む。この時、反作用で姿勢が崩れるようなら突きは大きな威力とはなっていない。

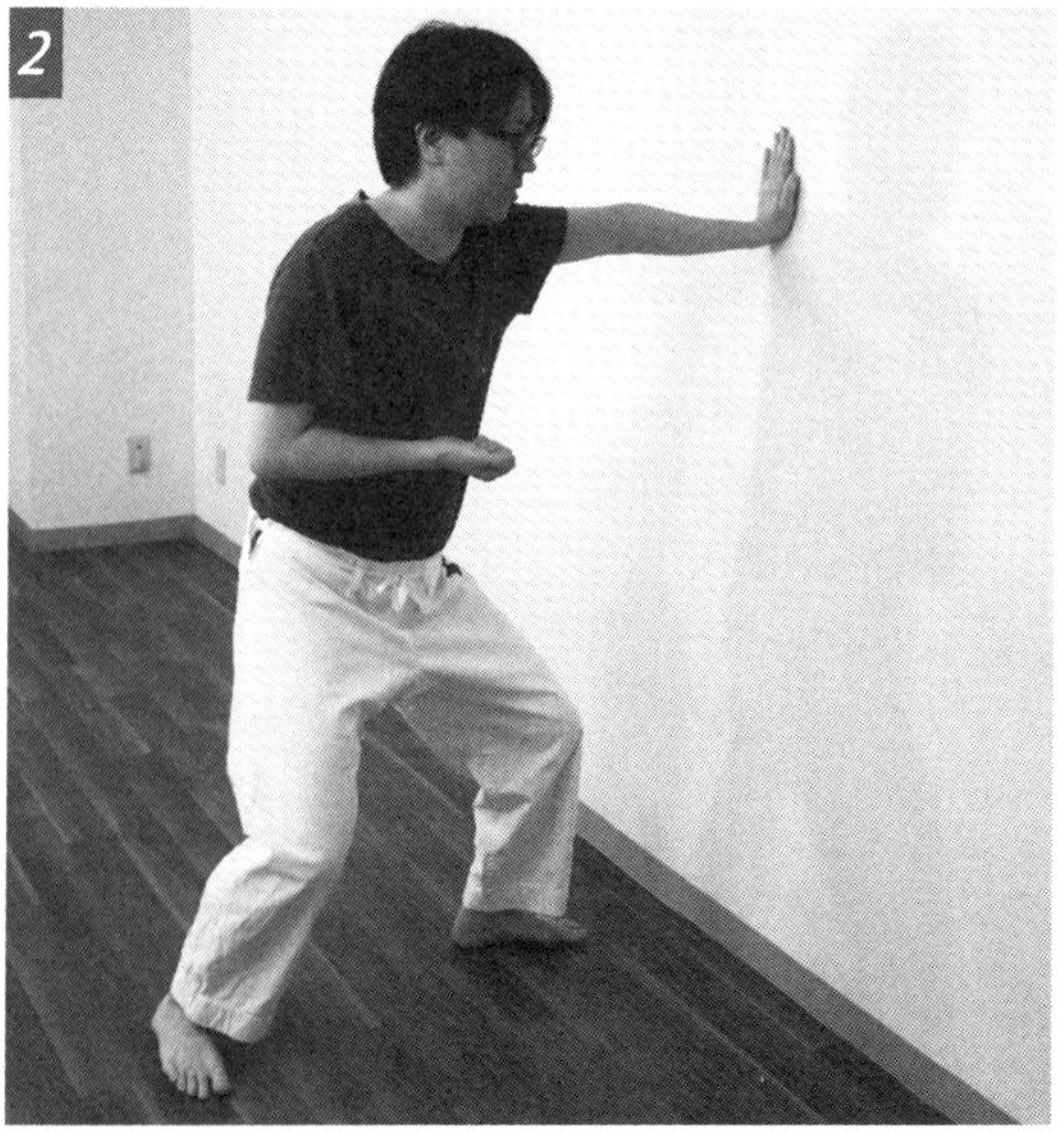

抜けていくのが分かるのです。

これでは力が伝わらない。

それを崩れないように鍛えていくのだ、と仰る方もいると思いますが、ここで私が求めるのは、元々の身体の力を最大限に生かす合理的な技術です。

壁打ちをすればもっとはっきりと分かりました。

全力で壁に向かって平手で打ち込むと、上体から崩れて後ろに向かって退いていく形になってしまったのです。

自分がやっていたのは、とても弱い姿勢だったんです。

そこで伝統派空手の立ち方をやめて、古流剣術の逆T字立ちにしてみました。そうすると、がっとその場に留まって壁打ちをすることができます。この姿勢の強さは前章でも証明済みですが、打撃を行なう時でもまったく一緒でした。足裏でしっかりと力を受け止めることができるのです。

さらに加えて、腰をひねる動作を止めてみました。

たとえ右の逆突きを打つ場合でさえも腰をひねらずに、ナイファンチのように横に入っていく形で突くと驚くほどに体が揃って、その場に留まるようになりました。

身体が整った状態で打ち抜くと、壁やミットの向こう側に力が突き抜けていくではありませんか。

こんな簡単な検証方法でどういった打撃が有効か簡単にわかってしまうのです。

さらに突き詰めていって、調べ上げた術理を試していきました。その中でも有効だったものを紹介します。

威力を追究する実験1

右列写真のように、腰を捻って普通にフックを打っても、どうも体重が乗っていかない。体勢を変え、空手の型「ナイファンチ」の鉤突きのように腰をひねらずにミットへ打ち込んでいくと、体重が乗った威力ある突きになった（写真左列）。

“ナイファンチ”式鉤突き

普通のフック

ある古流剣術には、独特の膝遣いが伝承されています。袴を履いているので見えにくいのですが、それはわずかに膝を屈めつつ、中心にギュッとまとめるような、独特の操作です。この操作によって、重みが剣に乗ってきます。戦国期～江戸期から伝わる古流剣術にはこんな奥義が存在するのです。

膝と股関節が屈められることで全体重が空中に解放されます。同時に、股関節の操作によって腸腰筋がぐんと縮むんですよね。この体内奥深くの強靭な筋肉が機能することによって、太刀が一気に重くなるのです。

これを実際に直線的な打撃に応用すると壁に向かって平手を打っただけで、どーんと壁に響くようになってきます。打撃力が桁違いに向上したのです。

さらに中国拳法には「震脚《しんきゃく》」と呼ばれるものがありました。これは、打撃を当てる瞬間に地面を思い切り踏みしめるのです。

震える脚と書くだけあって、どんと地面が震えるぐらいに強く踏みしめます。

さらに達人になっていくと柔らかく踏みしめるようになっていくそうなのですが、その術理を分析していくと見えてきたことがありました。

地面を柔らかく平均的に足裏全体で踏みしめることで、なんと体中の力がすべて地面に食い込んでいくんですよね。その状態で突くと相手は、まるで壁にぶつかったかのような衝撃を受けるのです。

本来ならば力はぶつかり合うと、お互い後ろ方向に逃げていくはずなのです。

力学的にそうなっていますよね。作用反作用という基本原理があります。そのために力が緩和されるのですが、震脚を使うと術者の足が地面に吸い付き、完全な壁になってしまうのです。

威力を追究する実験2

古流剣術の膝・股関節遣い（写真右列）や中国拳法の震脚（同左列）を用いて壁打ちを行なってみると威力が桁違いに向上した。姿勢が崩れないと、威力の向上は如実に体感できる。

膝・股関節を屈めつつ打つ（古流剣術の遣い）

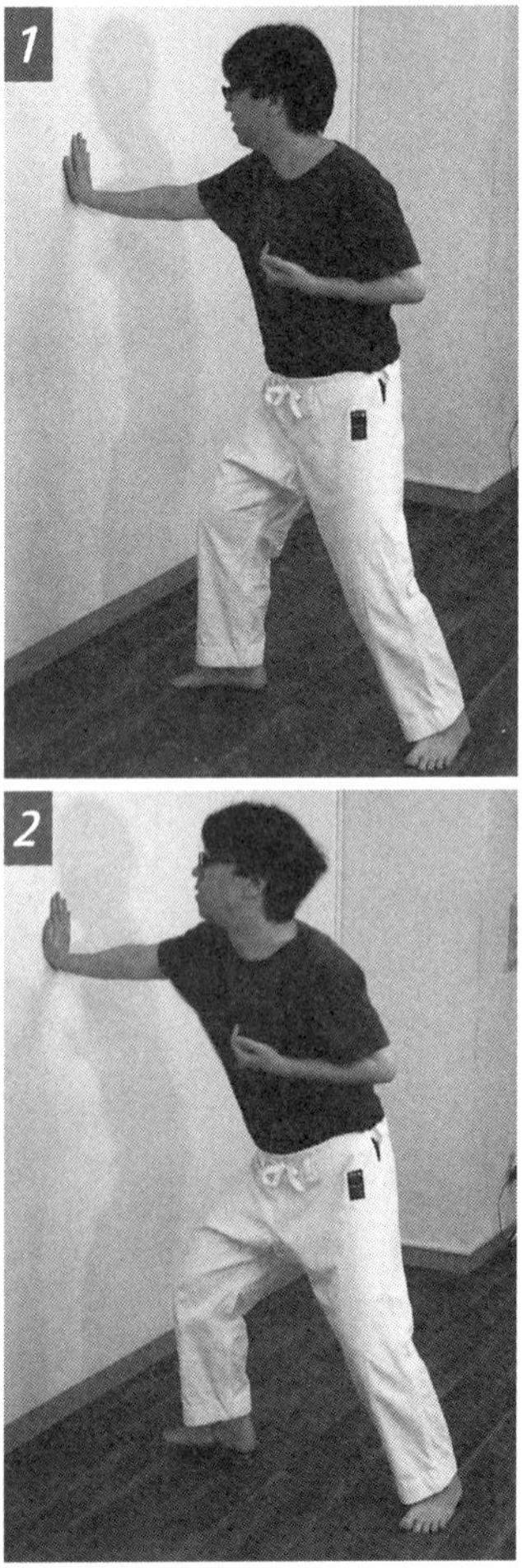

震脚（地面を踏みしめる）で打つ（中国拳法の遣い）

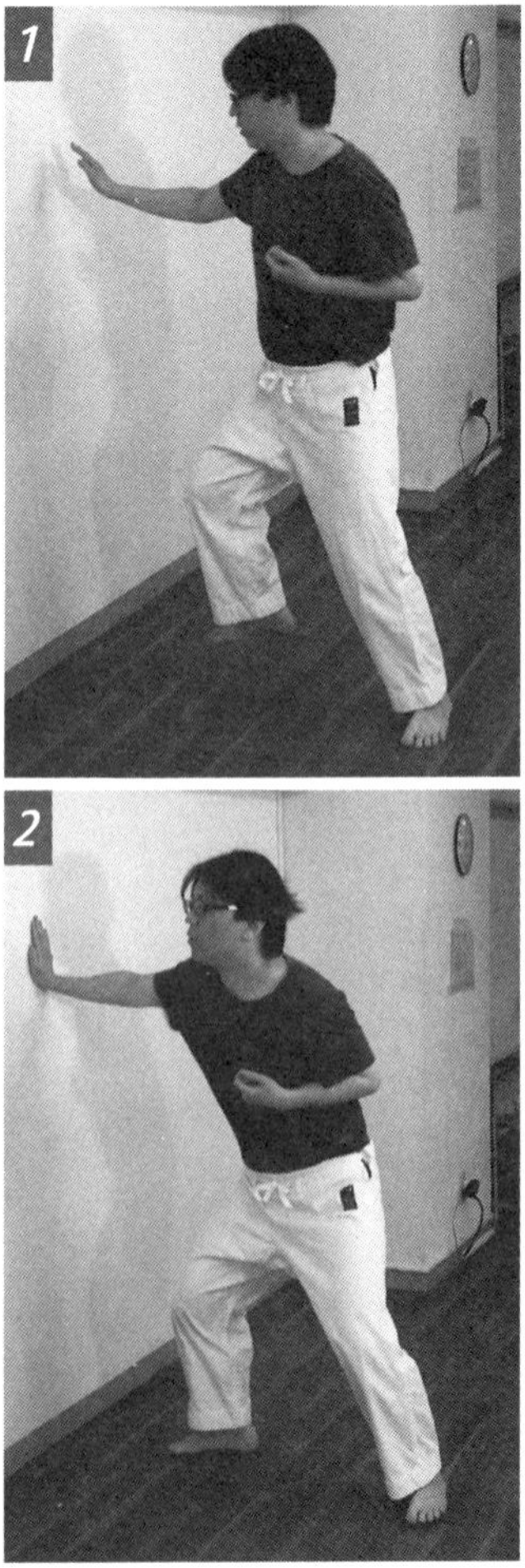

古流剣術の術理と震脚を組み合わせると、コンクリートの壁が柔らかく感じてからドンと振動するようになってきました。とてつもなく強い姿勢になってきたのです。まったく自分の体がブレません。今までの伝統派空手の突きならば自分が壁に負けて崩れていたにもかかわらず、今度は壁が負け始めたのです。その感覚で相手を突くと、道場の壁際まで吹っ飛んでいくようになったんですよね。相手からしたらいきなり壁が出現したかのような衝撃があるのだと思います。

こんな時、実はこちらとしてはまるで豆腐を押すような感覚で、まったく手ごたえという手ごたえがないんですよね。

日本武道の精髄と呼ばれる技と中国拳法の発勁を実現する術を組み合わせることによって、まったく現代格闘技ではありえない打撃力になってきたのです。

しかし、どうかご理解いただきたいのはこれには明白な原理があって、知ってしまえば大したことはないんです。

打撃の瞬間にわずかに膝を曲げたり、地面を柔らかく踏みしめているだけなのですから。

知ってしまえば誰でもできてしまうので、こういう技術は何百年と隠されてきただけなのです。

これらは、少なくとも筋力ではありません。

私はウェイト・トレーニングを否定するつもりはありませんが、一切ウェイト・トレーニングはしていませんでした。

あくまでも楽しみながら遊びながら検証して、術理を発見することで打撃力が飛躍的に向上していったのです。

いやぁーとても面白い、という感覚でしかありませんでした。

（この頃になってくると、もうほとんど当てない組手をしていました。当てろ、と先生に言われても当てないようにする。効かせないようにすることのほうが人として正しい道だとは感じていました。）

4 夫婦手の威力（無駄な部分に隠された奥義の発見）

夫婦手《メオトーデ》という古伝空手の奥義について、この項目では話しましょう。

その呼び方の通り、沖縄の言葉でして、沖縄空手で用いられている技術です。

この技術は本当に面白く、あらゆる場面に応用可能な動きなのです。

間のない高速の連続突きを可能にし、さらには統一的な体を作って合気道の達人のように10人押しを実現することも可能になります。

まず夫婦手とは何なのかと言いますと、まず、左手を支えるように右手を添える構えの事を差すと言われています。

まるで夫婦のように、右手と左手をこうやって添えるんですよね。

本部朝基《もとぶちょうき》という空手の達人が愛した術理でもあります。

これは多くの解釈が成されているのですが、実は本当のところは構えでもなければ何でもないのです。

夫婦手とは、体内の連動状態のことを差します。

私がこの術理を発見したのは、伝統派空手の道場での稽古中のことでした。

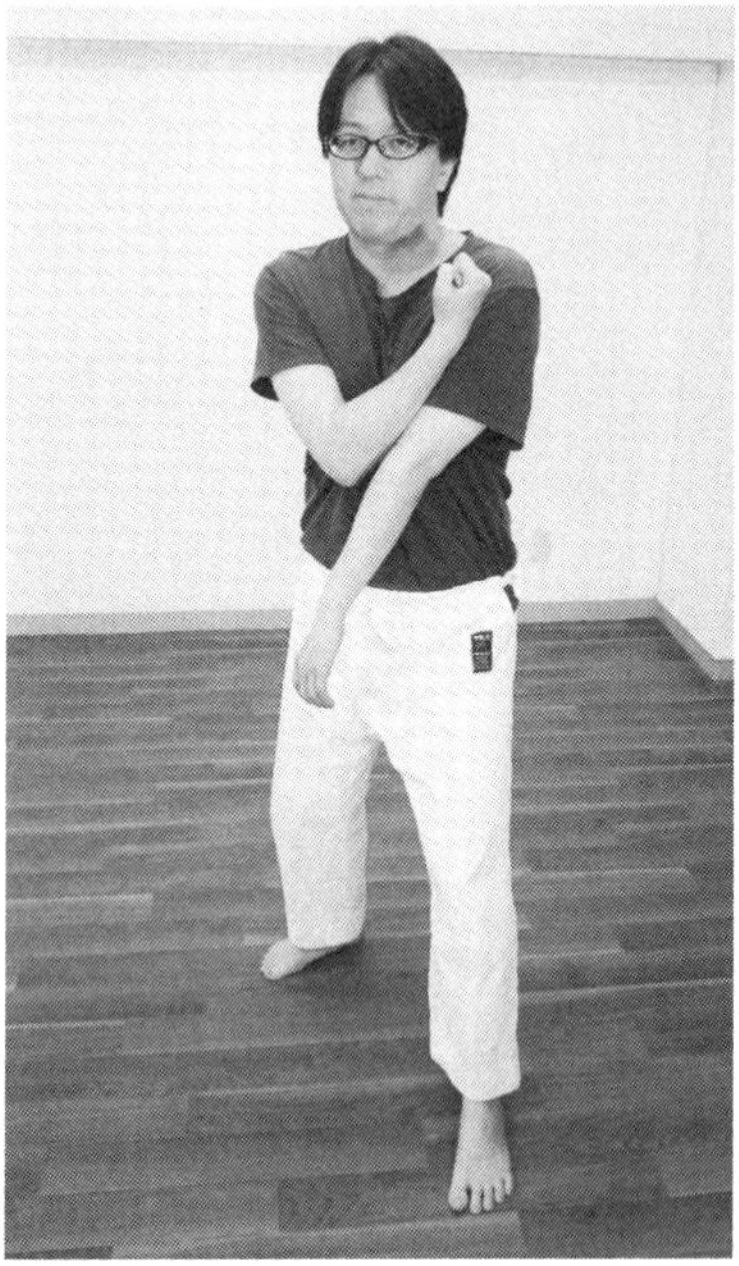

隙だらけ？　伝統派空手の下段受け

伝統派空手の下段受けは、両手を使った動作として学ばれる。下段を払う直前の右手に左手が寄せられた写真のような体勢は一見隙だらけのように見えるが…

下段受けを練習していたのですが、まったくこの下段受けは実戦で使い物にならないと感じていました。そもそも下段受けをしたときに、相手が足の向きを変えて上段を蹴ってきたら隙だらけではないかと思っていたのです。

しかも伝統派空手の下段受けは、不思議なことに両手を使うのです。

右手で払うときは、左手を下に構えて右手を上に添えます。

この姿勢は本当に隙だらけで、ここから下段に払っていくのですが、試合で使うには現実的ではないと考えていました。

しかし、先生が「脇を締めろ！」と他の道場生にきつく言っていたのです。

何か意味があるのかなと思いまして、私は右手を左腕の上に添えるときにできる限り脇を絞り上げました。

驚くことに、完全に力を抜いていた左手が「ふにっ」と浮き上がったんですよね。何度やっても右手の脇を締めながら動かすと、脱力し切った左手がそれにつられるように上がってくるのです。

体内が連動していることは明白でした。

この体内の連動感覚、これはなんだ!?と驚きながら、下段払いを繰り返し、中段受けにも応用して、上段受けにも応用して、さらには正拳突きにも応用していくと、なんと空手のあらゆる動きは、この連動でできているではありませんか。

脇をしっかり絞りながらやると、もう一方の手が連動して自然と動いてしまうのです。脇を締めると、体内の肩甲骨の筋肉が絞られることで右手と左手が連動する！

ある空手の達人は、突きの極意について「引き手八割、突き手二割」という話をしていました。その割合で力を入れると良いという話。

突きに二割の力しか使わないその理由がまったく理解できませんでしたが、実際にこの体内の連動感覚でやると本当にできてしまうのです。

空手の引き手は隙だらけで意味がないと思っていましたが、その意味がないと思っていた動きに夫婦手を自動的に発生させるメカニズムが備わっていたのです。

試しにこの連動を使って連続突きを打ってみると、相手が一発の突きを放つ間にこちらは二回の突きを放つことができたのです。

体内が連動している。繋がっているので、まったく間がなくなってしまいます。

自然に両腕が連動する⁉

両脇を締めると、そこから右腕を下段受け直前の位置まで差し上げていくと、左腕も自然に連動して浮き上がるように中央へ寄せられていく（写真右列）。この連動こそが夫婦手の根幹で、脇を締めないと起こらない（同左列）。

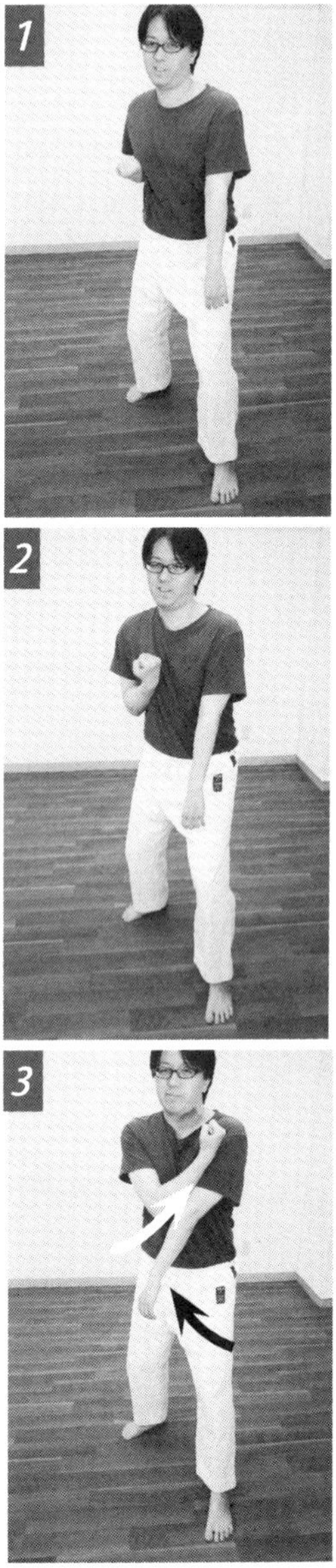

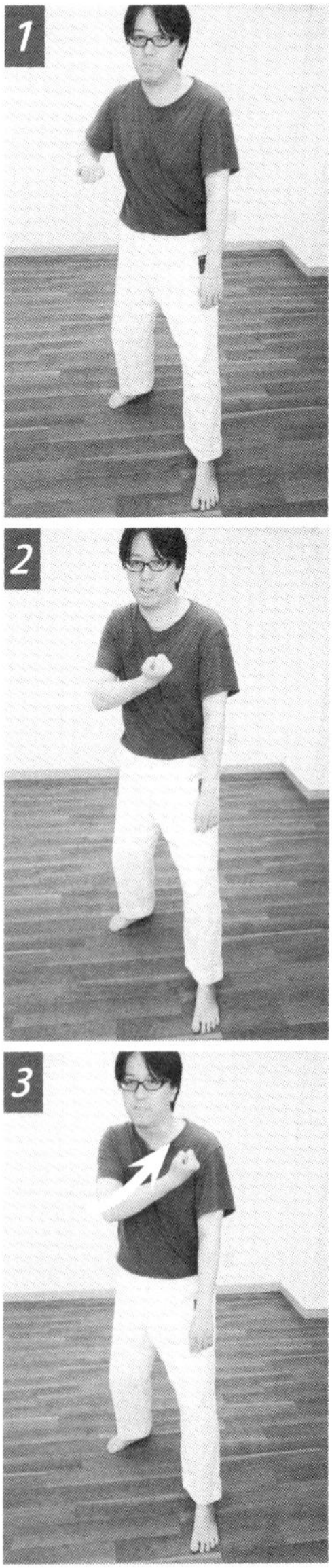

"間がないほどの連続突き"を可能にするもの

相手が身じろぎできないほどの"一拍子"のうちに放たれる３連続突き。両腕を連動させることができると、相手にとっては非常に対応しにくい攻撃となる。

“反撃の完封”を可能にするもの

相手の蹴り足を取った瞬間は優位の体勢ではあるが、うかうかしているとそのまま顔面にパンチを食う可能性もある（写真右列）。“両手連動”ならば、即座に完封できる（同左列）。

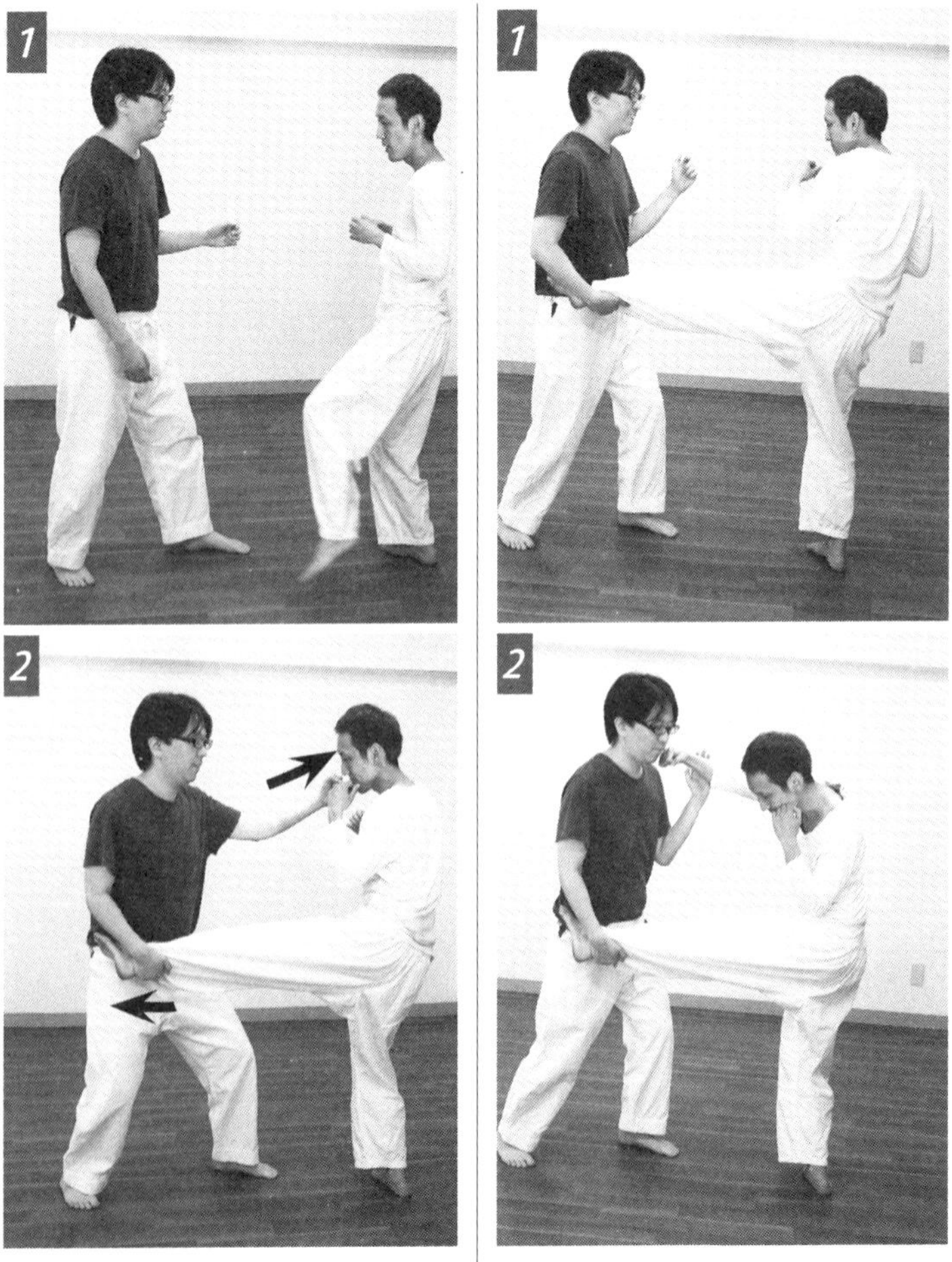

もし、体がバラバラに動いていたらその隙間の時間に相手はカウンターを狙うことができるわけですよね。

ところが夫婦手を使うと、まったく間がなくなるので相手はカウンターを入れる間もなく連続で突かれ続けることになるのです。

夫婦手は、間のない高速の連続突きを可能にするのです。

それだけではありません。応用すると他のこともできます。

相手の手を柔らかく払うと同時に、突きを当てることも可能になります。防御と攻撃をほぼ同時に実現できます。

例えば、こういった局面を想像して下さい。相手が蹴りを放ってきたとします。

それを右手で受けて取ったとしましょう。ところが足を持たれた状態でもムエタイ選手ともなればバランスが良いのでパンチを打ってくることができるのです。

事実、ある格闘技の試合では足を持たれた状態でもムエタイ選手がパンチを入れて、相手を倒してしまったことがありました。

これでは足を取っても有利にはなれません。それどころか、足を保持し続けている自分の手は自由が利きませんので、ある種の隙でもあるのです。

足を持っている人が、ばらばらに体を使っているから隙があって反撃可能になるのです。

ところが夫婦手を使うと、相手の足を取ると（引き手を使いながら）同時に突きを入れることもできるので相手の姿勢を奪い、「反撃を許さない」ということが可能になります。

間がなくなればなくなるほど、一拍子になるという話をしてきたのですが、体内においてすら「間がなくなる」という現象があり、一拍子にはさらなる深みが存在しているのです。

〝体内を一拍子にすることができる〟

これこそが、体を統一するということでもあります。

あくまでも一拍子の延長線上の技術ですよね。体外のことだけではなく、体内においても一致感覚が存在しているのです。

夫婦手の術理の見つけ方ですが、まず、脇を引き絞りながら空手の下段受けをすること（124ページ参照）。

この脇を絞りながら、もっと正確に言うと肘を胴体に密着させながら払ったりするときに体内の変化に注意すると発見できます。

下段受けの際、左手の力を抜いた状態で、右手の引き手をしっかり絞りながら左腕に添えると、本当に「すー」と勝手に左手が浮き上がる現象が起こります。

この「すー」と繋がって勝手に動く状態は体内の連動によってしか起こりません。

これを体のあらゆる場所で確認していくと、夫婦手は驚くことに右手と左手の連動だけではなく、右手と右足、左手と左足を「腸腰筋《ちょうようきん》」という腰深くの筋肉を通して繋げることが可能になります。

夫婦手を使って、体を絞りながら体内を連動させたとしますね。

すると、あらゆる場所で体内を統一的に扱うことが可能になります。統一された体が作り上げられていくのです。その状態で、10人ぐらいの人を電車ごっこのように並べたとしますね。

こんなのは、どれだけ力のある人でも5人ぐらいで押せなくなってしまいます。

試しに力のある人で、身長が190センチメートルぐらいの体格の良い人がどれぐらい押せるか実験してもらったのですが、4人ぐらいで押せなくなりました。

しかし、私が夫婦手で体を統一した状態を作ると、その押せない列を簡単に押せてしまったんです。

列になった人が一方的に押されていく様はすこし滑稽だったかもしれません。

さらに人を増やしても同じことで、何人いようが押せてしまうのです。

夫婦手は高速の連続突きや攻防一如を実現するだけでなく、合気道の達人がやるような10人押しを実現してしまう効果もあったのです。

なぜ10人押しが可能になるのか。

自分でも考えてみたのですが、こちらは身体が統一されることで力が的確に伝わっているという感覚はありますね。

逆に耐える人の体はバラバラなので力がちゃんと発揮できていないのではないのかと思います（耐えている人の力がバラけて、拡散しているように感じられます）。

現代人は体がほとんど統一されていないので、何人いようがこちらが統一された体ができていると簡単に押せてしまいます。

昔、万の兵に匹敵する豪傑がいたと言いますが、それはこういったレベルに体の意識が達していたからかもしれませんね。ゆえに、ばったばったと敵をなぎ倒していくことができたのかもしれません。

（あくまでも空手の引き手は夫婦手の感覚をつかむためのもので、実際の攻防で使い物になるものではありません。脇にいちいち手を収めていると、顔面がガラ空きになってしまいます。夫婦手という連動感覚をつかんだら、引き手は一切使わずにそのまま繋がっている「感覚」を生かして間無く自然に対応するわけです。引き手はある種の「形」のようなもので、あくまでも夫婦手の感覚を発見するためにあるのであって、それを実際に使うということではないと感じています）

5 全身一致（統一した体）の作り方、練習方法、検証方法

全身一致、つまり体が統一できてくると達人のように10人押しすらできるようになっていきます。これは武術の一つの要なのです。一つの段階であり、通る道なんですね。

これができると上、中、下でいえば、上の下ぐらいの達人の力量とも言えます。

では、どうしたら全身一致（体の統一）の状態に至ることができるのか。

空手の下段受けから学ぶのもいいですが、空手をしたことがない人もいるかもしれませんよね。そこでもっと皆さんが経験していることからお教えしましょう。

皆さんは気づいていないかもしれませんが、普段でも全身が一致している瞬間があります。正座して背筋を伸ばしているとき等、すなわち、正しい姿勢でいる時は、全身一致ができている瞬間なのです。

そして武道の形には、まさにそういった効果が内包されているのです。

なぜ、形があるのか。

達人の姿勢を再現するために、もっと言えばこの優れた姿勢を伝えていくために日本文化には素晴らしい所作が伝わっているわけですね。

ここでは私が発見した一つの姿勢を紹介しましょう。誰でも簡単に達人と同じ体の統一された感覚をつかむ姿勢です。十字のポーズと名付けています（次ページ写真参照）。

このように両足を揃えて、両腕を十字の姿勢を取るように伸ばします。ただ、これだけで体が整い、体が統一されます。全身一致の感覚をつかむことができます。ピンと体を張って伸ばしている状態もある種の統一感覚です。

体の中に「間」がなくなっている感覚が得られると思います。この状態が強いのです。

検証方法としては、この状態から両腕を伸ばしたまま前に両手を出すわけですね。それで押してみると、10人近くの人を押すことができます。それほど、〝全身一致〟の体とそうでない体とでは違うのです。

この十字のポーズから体の統一された感覚（全身一致の感覚）をつかみまして、突きや投げに応用していくと技が効くようになります。

突きを当てる瞬間に、この統一感覚を引き出してやるとそれだけで相手を突き飛ばすこともできるでしょう。

この体を統一した感覚がなぜ、10人の人を押すことを可能にするのか。

さらに考察を進めますと、相手の筋肉の反射が間に合ってないのではないのかと感じます。体が統一できていると、一瞬で相手に全力を伝えられるわけです。5キロ、5キロ、5キロと重りを足していく

全身を一致させる“十字のポーズ”

両足を揃えて真直ぐに立ち、掌をピンと張るように開いて左右に向ける。両腕を水平に伸ばして全身がピンと張るように。

これだけで身体各所が連動する“全身一致”の体ができ上がる。

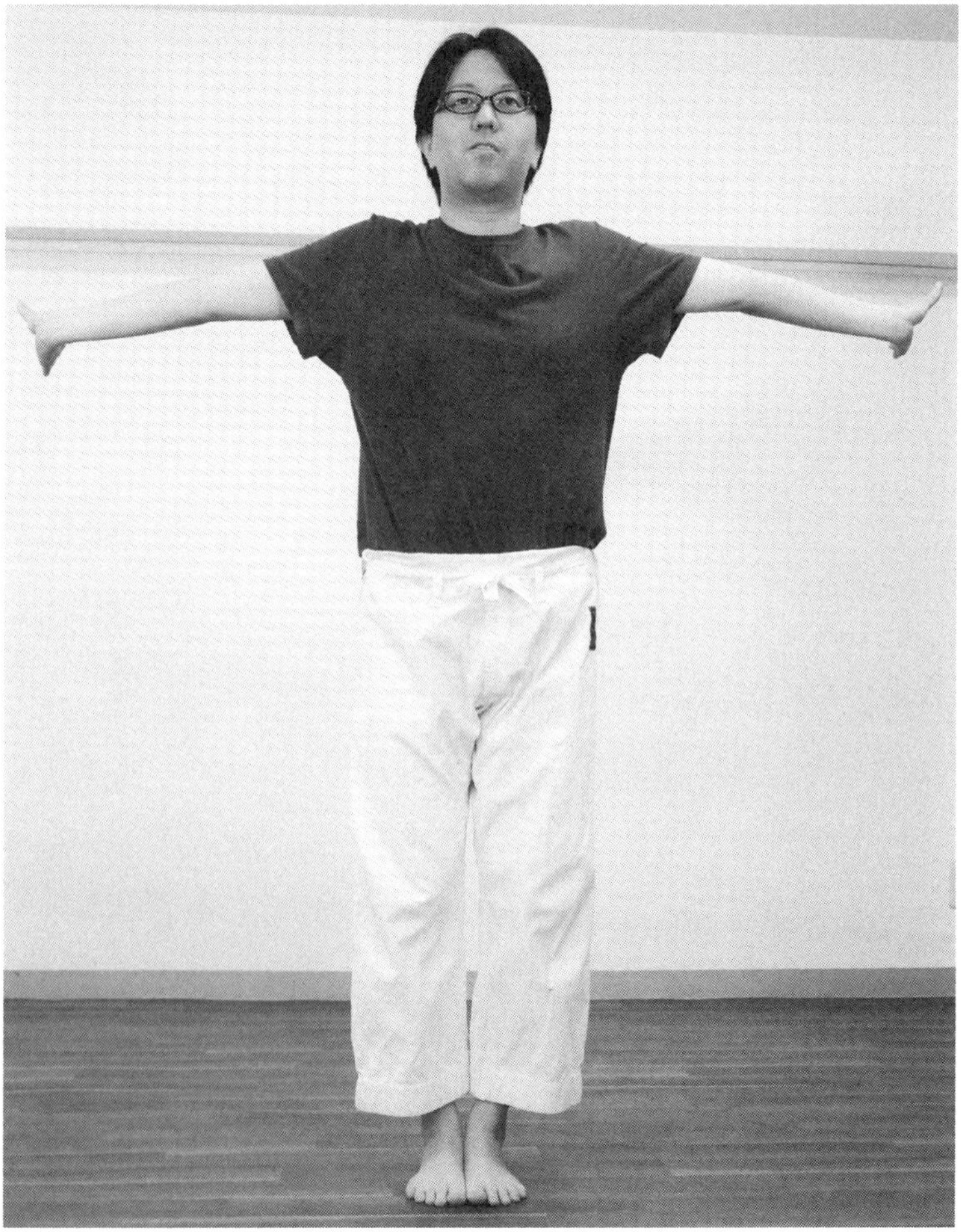

と人は案外と重いものでも持てるわけですが、いきなり両手に50キロの重りを持たされると前に転んでしまいますよね。その原理と同じなのではないかと考えています。

通常の人は体がバラバラなので力を掛けるときもバラバラなんですよね。

そのために相手はじわじわと掛かる力に反応することができるわけです。自分では一気に力を掛けているように思えても、実は遅れて力が掛かっていて相手は反応することができるというわけです。しかし、体が統一されていると一瞬で全力が掛かるので相手はそのまま崩されてしまうというわけです。

（これはあくまでも私の見解であって、実際のところはまだまだ分かっていないことです）

十字のポーズをとってから、しっかりと踏ん張り立つ人を押す検証をしてみると、軽く動かす事ができる。"全身一致"の体からは、力の生まれ方がこうも違う。

6 単純明快！　柔道の崩しへの応用

全身一致（体の統一）は、あらゆる場面に使うことができる大変に応用性の高い技術です。

例えば、柔道の崩し。

柔道の技の中に「崩し」があるということはご存知でしょうか。

投げに入るまでに相手を崩してからのほうが投げやすいとされているわけですよね（これはレスリングにもありますね。タックルを決めるために相手の頭を引き込んだりして崩しておく等）。

崩しが大切なんですけれど、この崩しが難しかったりするわけですよね。

柔道の基本なのですが、相手の襟首にしても、どこにしても、つかんだ道着の部分を「しぼる」という基本技術があります。

なぜ、相手の道着をつかんだ部分をしぼるのでしょうか。

しぼると隙間がなくなります。そうすると力を掛けたときにすぐにしっかりと伝わります。

逆にちゃんとつかんでいる部分がしぼれていないと、ゆるゆるになり、力を掛けても相手になかなか伝わらず、崩しが掛からないいんです。

さて、ここでひとつ単純明快に武道の真理をお教えしましょう。

実は、体の統一とこの「柔道のしぼり」は似ているのです。

つまり、体の統一とは体内をしぼっている状態にあるわけですね。

空手に三戦《サンチン》という代表的な形がありますが、まさに体を締める、しぼる、わけです。そうして、体の統一、全身一致の状態を作り出してしまうわけです。

体内の隙間をなくしている。いわば体内の一拍子状態であり、その結果として力がすぐに正確に伝えることができるのです。

これは本質的には柔道のしぼりを「体内」でやっているだけなんですよね。柔道はつかんだ道着の部分でやるわけですが、武道は体内でそれをするのです。原理は同じですよね。どこでやっているかの違いでしかないのです。

本当に面白いです。皆さん、感覚的にはどの分野でもその経験知を共有しているわけです。その方が技が掛かりやすいということを知っているわけです。

道着をしぼるだけではなく、体もしぼってしまうとより技が効きやすくなりますよね。

柔道にもそういった工夫がありますが、ここでは私なりに考えた方法をお教えします。

完全に体を統一するとなると、ただ背筋を正すだけでは不十分で、特に柔道や柔術の投げの場合は手と腕の使い方が肝要でして、どうやって胴体と手先を一致させるのかという工夫が必要になります。

相手の手や襟の道着をつかんで引き込んだりという場面において、道着をしぼっていると、手と道着の隙間がなくなります。

さらに腕をしぼる。手をしぼる。体内をしぼるというわけですが、このしぼり方をお教えしましょう。ものすごく簡単な方法があります。ここを変えただけで、「そんな変わるのか」と思う方法です。

伝統派空手の手刀の親指遣いを応用するのです。

三戦は〝しぼる〟!?

那覇手系空手の代表的な鍛錬型と知られる「三戦」の中に何度か顕われる象徴的動作。

脇を締め、肘を内に入れつつ前腕は回外させ、足は膝とつま先をともに内に入れつつ、腿を外旋回させる。

この操作によって全身に〝しぼり〟がもたらされる。

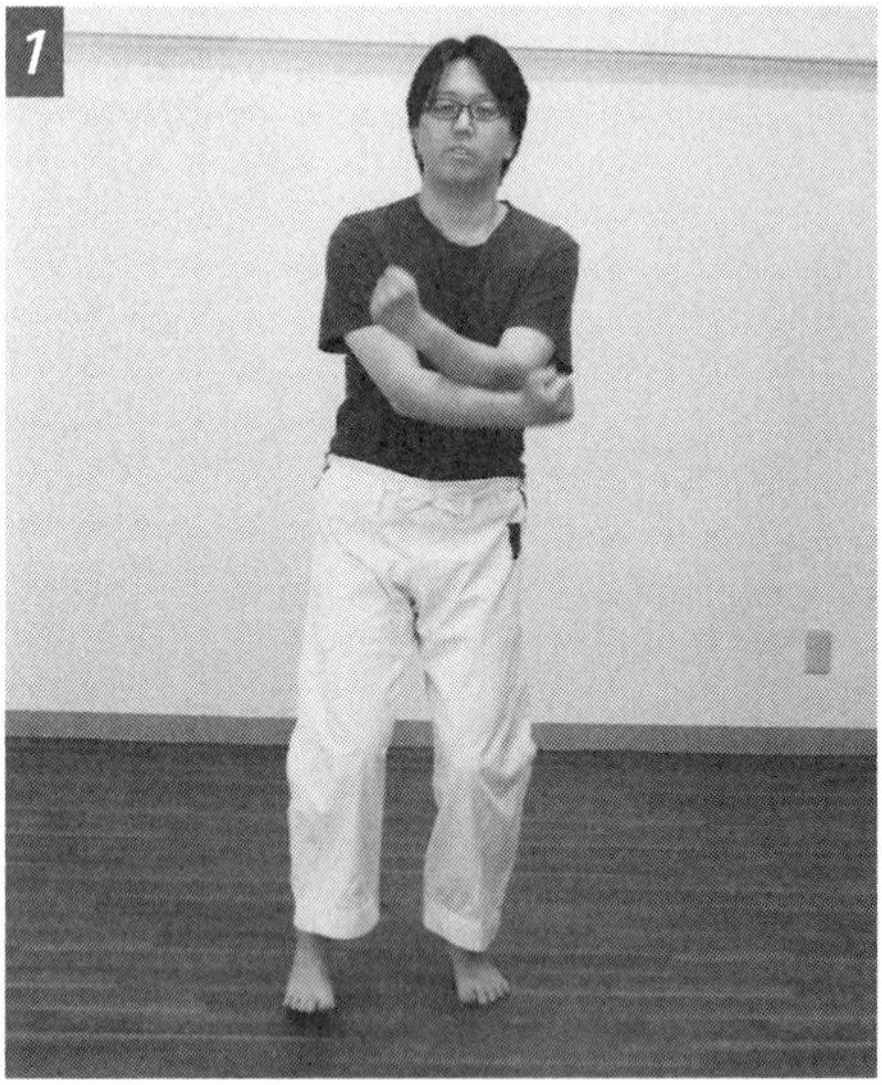

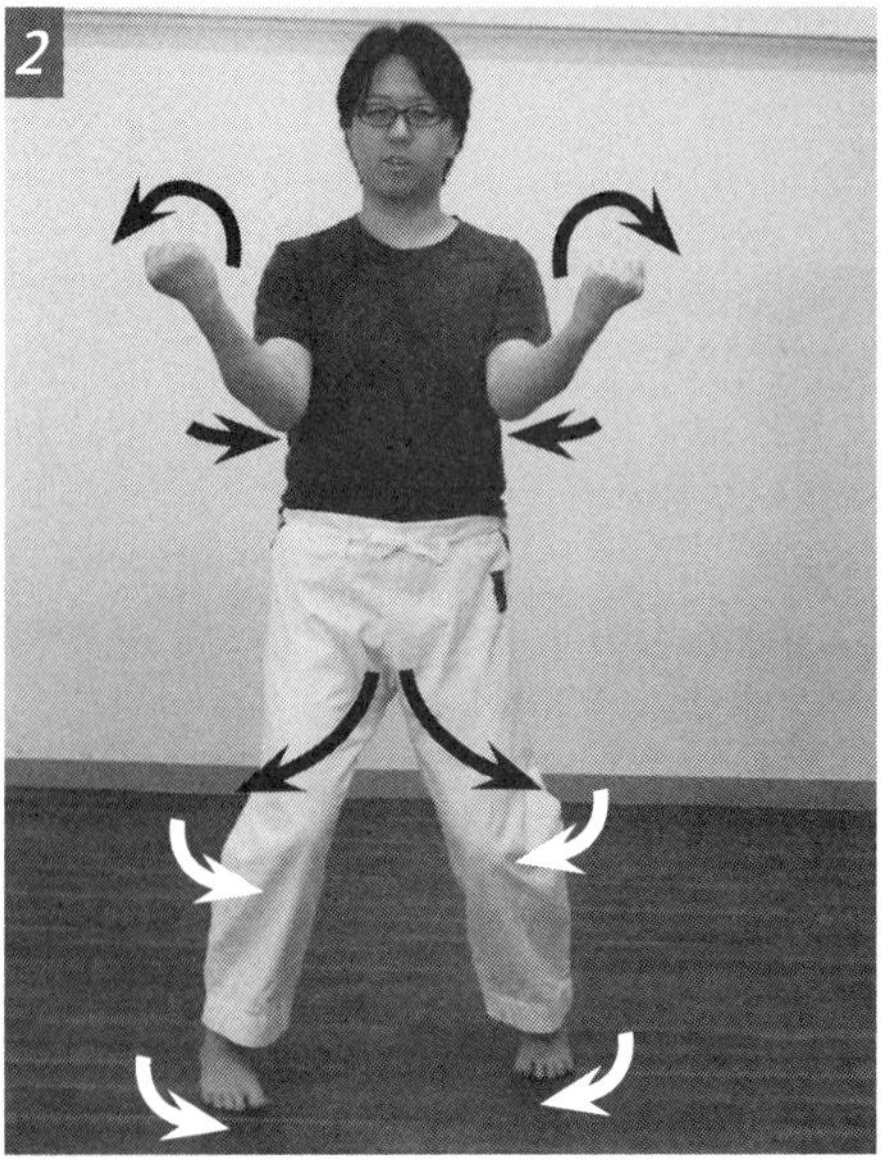

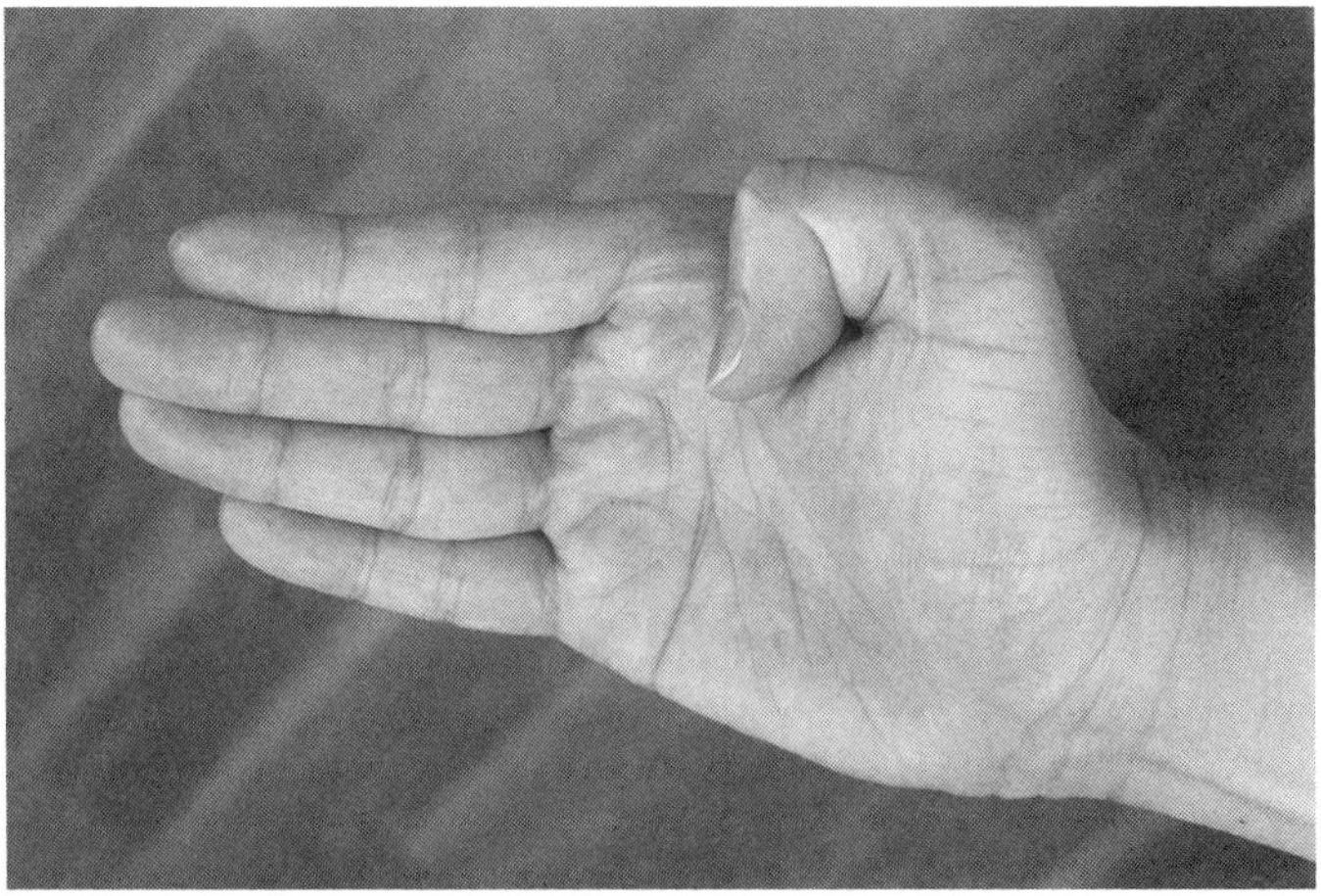
伝統派空手の手刀。親指を畳んで締める。

伝統派空手には基本的な手刀があるわけですが、よく親指を畳めと言われるわけです。

手の平に親指を畳む、ただそれだけで手の小指側がピンと張るんですよね。実際に写真の通りに同じような手の形を作っていただければ分かると思います。

このピンと小指側が張っている部分（体で一番固い骨がある小指側の掌底）で、相手の攻撃を受ける。この時、ちゃんとした手刀で受けると、相手はまるで何か重いものがぶつかったのように体を崩されてしまう。張っていない状態で受けても相手はただ痛いだけで崩れませんが、小指側が張っている状態で受けると相手が崩れてしまうんです。

それは親指を畳んでいることによって、胴体と小指側が一致しているからなのです。

これもひとつの統一した体の作り方なのです。特に胴体と手先を繋げる空手の手法と言ってもいいでしょう。

これを応用しましょう。

相手の道着をつかんだときに、通常の場合は親指をそ

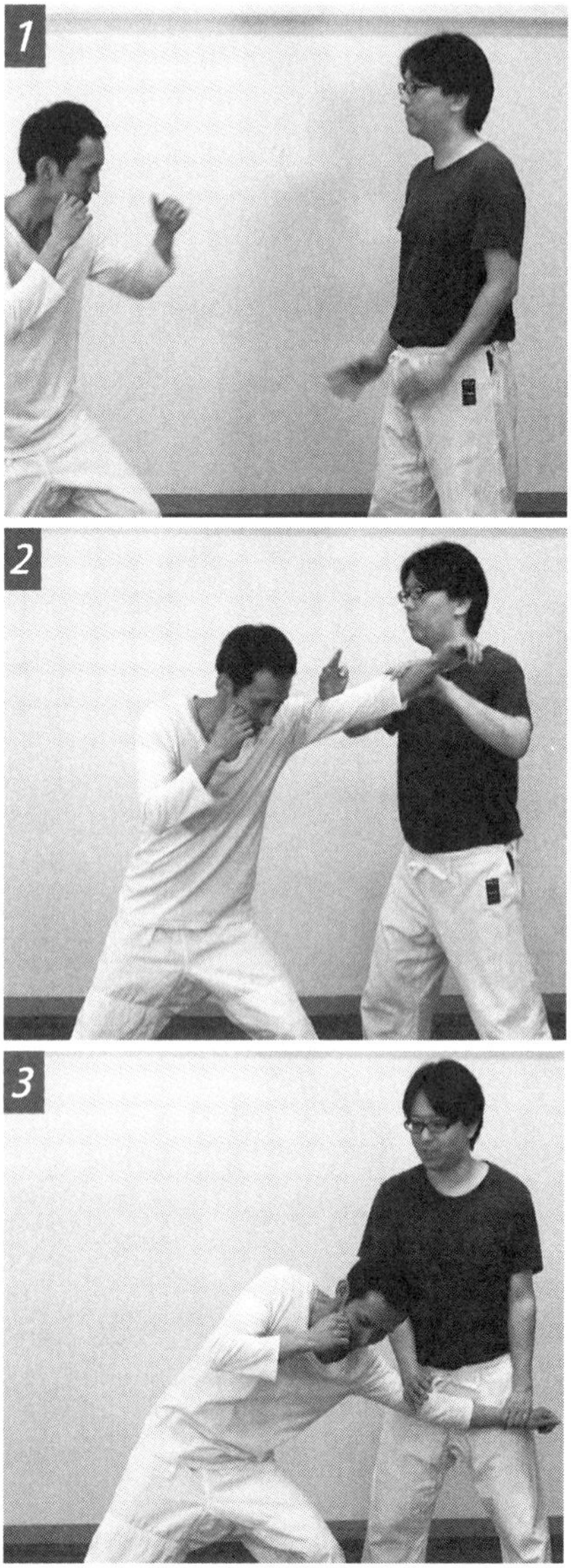

相手の突き手を〝親指を締めた手刀〟でとらえ、斬り落とすようにすると、相手は大きく身を崩す。

こまで意識して畳みませんよね。親指でしっかり握る感覚はあっても「畳む」という意識を持っている人は少ないと思います。

通常の握り方だと、基本的に親指は畳まれない形になると思います。

それをわずかでいいので、しっかりと親指を親指の腹に付くのではないのかというぐらいに畳むわけです。

ただ親指をしっかりと畳むだけでいいのです。これによって手と腕と胴体が一致します。

ごくわずかな違いなのですが、たったこれだけで小指側がものすごい張るんですよね。

親指を畳めば畳むほど、畳む力が強ければ強いほどに、握力がまるで二倍ぐらいに増したかのような集中力が生まれてきます。力がまるで小指側に集まっているかのような、圧縮されているかのような感覚というべきでしょうか。

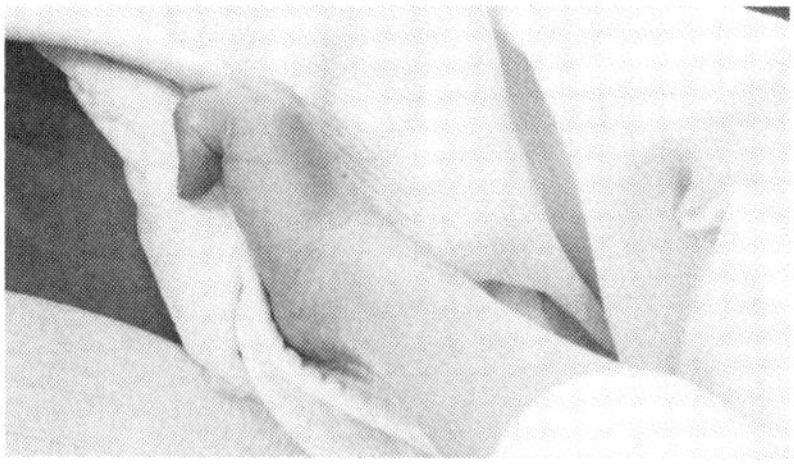

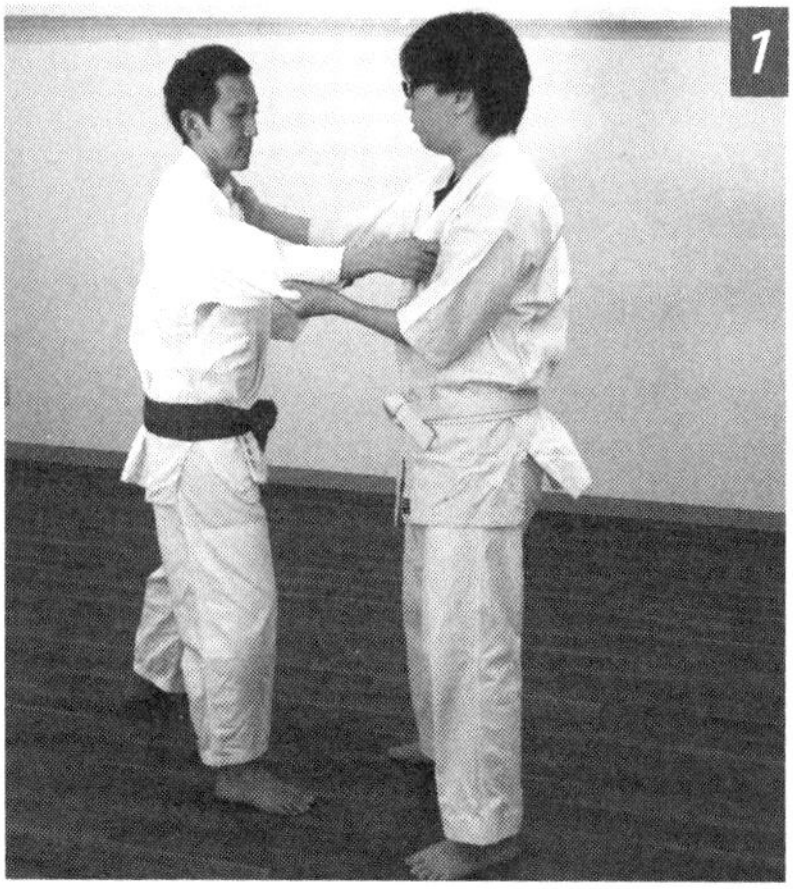

柔道におけるつかみ手を、しっかりと親指を締めた状態にすると、そこから単に引き落とす操作だけで相手は大きく身を崩す。

そして、小指側から肘や腕にまでピンと筋が張って、胴体に繋がっていくかのような感覚があります。その力が集まっている小指側の部分で相手を押し下げる。これを通常の力でやると、肘に対して力を掛けても早々に崩すことはできません。しかし、親指を畳んで腕と胴体が統一された状態でやると、そのまま力を掛けるだけでいいのです。それだけで相手が崩れます。

崩れるというか、まるでお辞儀するかのように前に頭を下げて動けなくなってしまうのです。

小手先のフェイントで引き込みや外しという見せ技術を何一つ使う必要がありません。素直に力を掛ければ相手がお辞儀をしてしまって、そのまま転がすことができてしまうのです。

これは通常はありえないことです。なぜかというと、背筋力の方が強いからです。ですが、こちらの体が統一されていると、相手がそれらの力を使うことができなくなってしまうのです。

体が統一されている状態、これはあらゆる技が効く状態なのです。

突きも投げも打ちも、それこそあらゆるスポーツの場面においてさえも応用することができます。

サッカーで体当たりされたとしても、ぶつかってきた相手がなぜか崩れることになるでしょう。

ラグビーのタックルでもレスリングのタックルでも、体が統一された状態で当たると打ち勝つことができてしまいます。

全身一致（体の統一）というものは武道の基本条件です。

これなくして、勝負にはならないですよね。これができていれば、達人の基本的なものができているという状態になります。

そのうえであらゆる術理が生きてくるようになるわけですね。だからこそ、武道には形があります。

形はまずこの身体を作っていくためにあるのです。

大東流合気柔術という流派にも「朝顔の手」というものがありますが、その手の形を作ると胴体と手先が一致します。

本質的にやろうとしていることは同じだと思いますね。流祖たちは、手と胴と足の全身一致の状態の作り方を伝えたかったわけです。

ゆえに、形を作ったのでしょう。体の統一はあらゆる武道の基本にして奥義なのです。

7 本部朝基と当破

それでは、もうすこしだけ打撃力を向上させる術理を紹介しますね。

実は、さらに打撃力を向上させる方法が存在するのです。

ゲームで言えば、正直言うと「オーバーキル」になってしまうので、これ以上打撃力を上げて何の意味があるのかという問いが生まれてきそうですが、あるものはあるので解説させていただきます。

本当の空手の奥深さというものは、計り知れない。

本部朝基《もとぶちょうき》という空手の達人がいますが、その方は「当破《あては》」という、浸透する打撃を使うことができたそうです。

外国人ボクサーの方を一撃で倒してしまったという逸話の持ち主です。

マンガではかなり弱く設定されていたりしますが、実際にはとてつもなく強かった。残っている写真

の立ち方からいっても別格と言ってもいいです。

彼が何をしていたのか、というとナイファンチという空手の形をとにかくやり込んでいた。

その形を研究すると彼の打撃力が分かってきます。

ナイファンチという形を知らない人のために説明しますと、ものすごくシンプルな形でして、横に顔を向けて入っていって打撃の動作を繰り返すだけなのです。

こんなシンプルな形は他になかなかありません。

この形にこそ、「当破」という強力な打撃を実現する動きが内包されているのです。

私もナイファンチをやってみて、また様々な書籍の解説、そして実際に当破を使える方に打たれてみて分かりましたね。

重心を揃えている。

頭にも胴体にも腕にさえも、ひとつひとつ重心ポイントというものが存在するのですが、ナイファンチはそれを全て一点に揃える効果があるのです。

左に顔を向けてゆっくりと入っていくのですが、左に顔を向けただけで重心がそちらに向かいます。それに乗って進むので、体の重心がすべて左に向かって揃います。

この揃った感覚のまま突くと、重心ポイントが一点に集まるのでまるで交通事故に遭ったかのような衝撃を受けます。

実際に私はナイファンチの当破を胸に打ってもらったことがありますが、まるで胸が爆発したかのような衝撃を受けました。

これは強いと思いました。ただ重心を揃えて突くだけでも、ものすごく効きます。

じゃあ、ナイファンチを知らない人がどうやったら重心を揃えられるのかということですよね。

本来ならばナイファンチを覚えるほうが正直言うと効果的だと思いますが、今ここで誰でもできる方法をお教えします。

それは打ち込むポイントを「目でちゃんと見つめる」ということです。

見るだけで頭の重心がそこに入ります。さらに体をそこに向けて揃えようとするだけで、すべてそこに重心が自然と揃っていきます。

それで突くと思いのほか打撃が効きます。これでもドンと重く感じる突きになりますね。

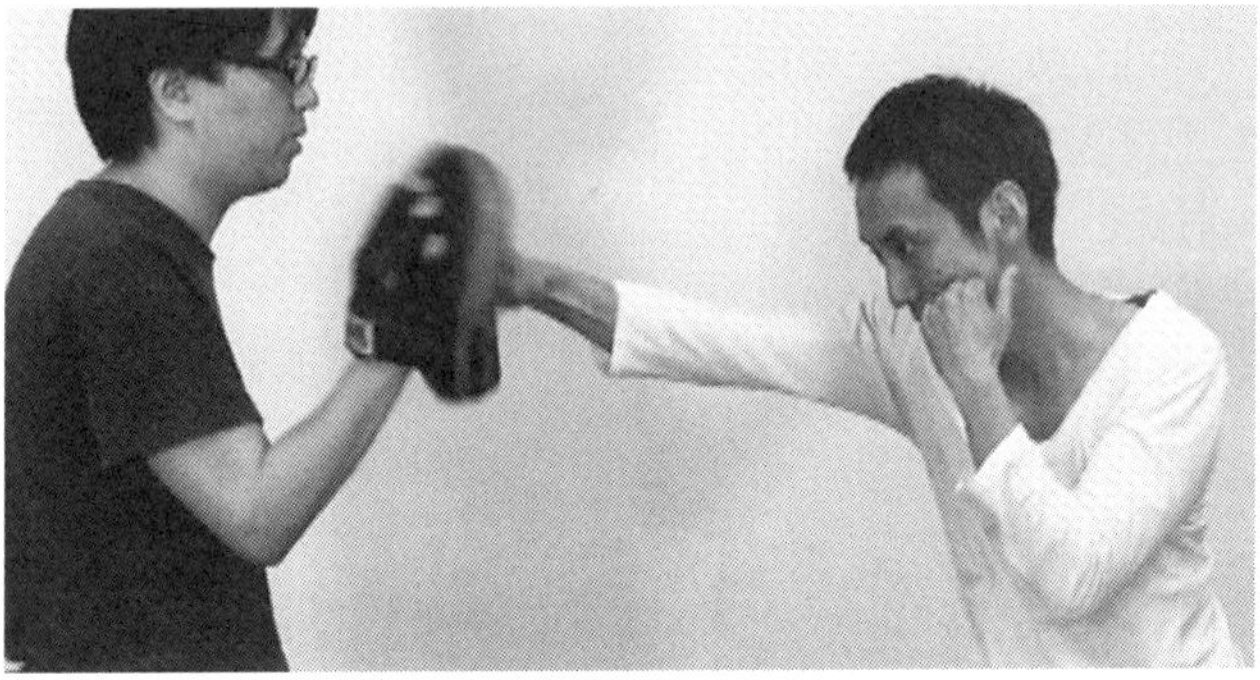

打ち込むポイントを「目でちゃんと見つめる」と自然にそこへ重心が揃っていく。

インスタントな当破ですね。誰でもできて簡単に分かります。最初はこれで重心の感覚をつかんで練習していくといいと思います。そして、見なくても重心を揃えて打てるようになっていくと、試合でも使えるようになります。

さらに当破の効果を上げる方法があります。それは打撃ポイントを相手の体の表面ではなく、後ろに深く置くこと。そうするだけで拳がめり込んでいって、通常よりも打撃が効くようになることがわかっています。打撃ポイントを深く意識するだけでいいのです。

私の場合、本当に効かせようと思ったら相手の後ろの３００メートル先くらいを意識して打ち抜きます。真の当破は、その３００メートル先に自分の重心ポイントを集めることなのです。

重心は体の外に置くことも可能なので、そういったことも可能なんですね。

この打撃がちゃんとできると、ミットや防具を四重にしても相手の後ろに透過していく打撃が可能となります。一撃で倒せてしまうほどの打撃力が生まれます。

果たして、これほどの威力が本当に必要なのかは疑問ですよね。人を壊してしまうほどの打撃力が生まれてきます。護身術の域を超えています。

本部朝基さんは本当に強さだけを追求した人で、「私の唐手術」という著作を読むと、金的や目潰し、関節への攻撃を約束組手に盛り込んでいました。彼の著作には突き詰められた、人を壊すための手段が描かれていました。

私はそれを見て、何かが「違う」と感じたんです。自分よりもはるかに武を突き詰めた先にいる達人を見るにつれて、「これはあかん」と思ったんですよね。ふと気づかされてしまった。

直感的に思ったのは人工知能もそうですが、人は効率だけを重視して目的を果たすことに特化すると絶対におかしくなる。

武道で言えば効率だけを重視するならば禁じ手を使えばいいということになる。しかし、もはやそれは人ではない。修羅と言っても過言ではない。

私たちは人工知能ではありませんから、モラルの方が上だと感じています。

人を尊重すること、愛することの方が上で、どれだけ強くともただ効率を重視した制限されない力は暴力でしかありません。どれだけ強くても人を愛せなかったら意味がないと感じました。

第一、現代ではそういった技は現実的ではないし、そもそも戦争をしているわけではないのですから必要がありませんよね。

もっと人の役に立つ形はないのかと自然と模索するようになってきました。そこで、こういう術理は戦いに応用するのではなく、どちらかというとスポーツに応用してもらいたいと思うようになりました。

例えば野球に「当破」を応用すると、ボールのストレートの威力を上げることができます。キャッチャーミットよりも、何メートルも奥深くに向かって投げるように意識する。それだけで重く伸びるボールにすることができます。

原理は簡単で、キャッチャーミットに投げる意識だとその手前で減速するボールになるのに対して、奥深くまで意識するとボールに思ったよりも力を乗せようとする意識が働くからですよね。

結果として、ボールが重く伸びる。

ちょっとした意識を変えるだけで、打者が詰まったりするような重いボールが誰でも投げられるようになるんですね。別な言い方をすると、人間は自分の体をコントロールできているつもりでもできていない、使えているつもりでもできていない、という部分が多々あるんです。そこに〝気付くこと〟がまず大事だと思います。

武道は極めていくと人間の真理に辿り着き、どの分野にでも通じるところがあります。

スポーツだけではなく様々な分野に応用することも可能だと思うことがあります。

第6章で後述しますが、特に心の扱い方は人生に通用するところがありました。

第5章

相手を“動けなくする”原理

～ 反応させないメカニズム

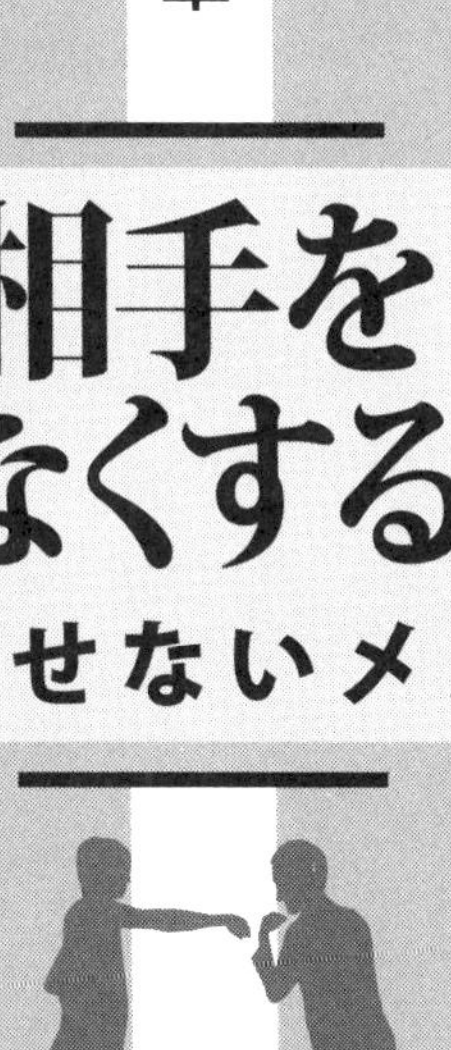

1 "半歩出る"〜相手が反応できない出方

組手や試合をされたことのある方はご存知だと思いますが、空手でも剣道でもキックボクシングの試合でも、「間合い」が大切なのです。

攻撃を当てるためには適切な「間合い」に入っていないと、当てようがありません。言い換えると、距離の取り合いと言うべきでしょうか。

必ず、この距離の取り合いがあって、優位な距離から的確に攻撃することで、やっと攻撃が命中するのです。

例えば、かなり遠くの距離に構えていると、どれだけステップで踏み込んで腕を伸ばしても当たらないということがあります。逆に近すぎて距離が潰れていると、突いたり蹴ったりできないということがありますね。

近距離の場合は、どちらかというと投げの間合いになっているわけです。

私もこの「間合い」の取り合いを研究しました。やはり間合いの取り方が下手だと、どれだけノーモーションの突きだといっても反応されてしまうのです。

入るまでに相手が構えたり、カウンターを狙うことができてしまいます。

そこで踏み込み方が大切だとなってきまして、ノーモーションの踏み込みというものを数多くの試行錯誤から見つけ出したのです。

古流剣術の多くもそうですが、柳生新陰流には「半歩出る」「半歩盗む」という考え方がありまして独特の踏み込み方をします。地面を踏まずに、まるで倒れるように出るんですよね。そうすると、伝統派空手からボクシングにすらあるステップの浮き上がりが無くなります。

すっと入って、斬れてしまう。

この半歩出る、というのは倒れる力を利用した正に逆転の発想に近い踏み込み方でして、これができるとどういった現象が起こるかと言いますと、例えば、普通のステップの場合は、ぴょこぴょこと浮き上がったりしますよね。

試しに人に目の前に立ってもらって自分が間合いに入ろうとしたら、すぐに下がってくれと言います。

普通のステップは地面を蹴り上げ、わずかに浮き上がって前に出ようとします。

この踏ん張りのようなものが見えた瞬間に、相手は反応して下がり始めることになります。

ステップで入ると相手もほぼ同時に下がることができるので、追いかけっこのような形になります。同じ速度で二人が移動する姿になるんですよね。その図を想像していただけると分かりますが、まったく間合いが縮まらない。特に相手が出てこなかったら、ずっと追いかける形になります。

逃げる相手には攻撃を当てられない、と格闘技の試合ではよく言われますが、まさにこういう理由からなのです。ステップのスピードが一緒だからです。

ところが古流剣術のようにノーモーションの踏み込みができるようになると、スッとこちらが先に入って相手は下がれないという現象が起こります。

力学的に普通は地面を蹴り上げてから体が浮き上がるはずなのに、その現象が起こらずにそのまま入

〝反応させない〟踏み込み

蹴らない〝ノーモーション〟の踏み込み

古流剣術にある、地を蹴らない〝ノーモーション〟の踏み込みは相手に悟られずに詰められる。

普通の〝地を蹴る〟踏み込み

普通の〝地を蹴る〟踏み込みで間合いを詰めようとしても、相手はその予備動作がみえてしまうので反応して下がられてしまう。

ることができるということになります。

組手でこういうことができるようになると、スッと入ったら相手がその場に結び付けられてそのまま打ててしまうということが起こります。単純に一拍子の突きと同じ原理ですよね。それを踏み込みで実現するのです。

具体的にノーモーションの踏み方をここで書きます。

私がノーモーションの踏み込みを実現するときにやるのは、「足裏を決める」という体の操作です。つまり、出る前に出ている状態を作るのです。

立ち方は逆T字型の古流剣術の撞木足《しゅもくあし》と呼ばれるものにして、足裏のどちらかというと外側に体重を掛けながら前にいつでも出られる状態を作ります。すでに踏ん張っている状態に近いですが、正確には、外側（小指側の足裏）に足を張っている感覚です。

車で言えば、アクセル全開の状態に先にしておくわけですね。前足でもアクセル全開ですし、後ろ足でもアクセル全開の状態なのです。

それで前に出たいときは前足をふっと浮かせる。

そうすると、後ろ足はすでに出ている状態が作られているので、前足のタガが外れてすっと倒れるようにして出ていくことができるのです。

逆に後ろに下がりたいときは後ろ足を浮かせる。そうすると前足がすでに出ている状態なのでそのままスッと後ろに下がれるわけですね。

出ようとするときに体が浮かび上がる必要もないですし、わざわざ地面を蹴り上げてから出る必要も

ノーモーションで出られる撞木足

進みたい側の足を"抜く"だけで、即座に予備動作なく出ることができる。

なくなります。すでに前に出ているし、すでに後ろに下がっている状態を先に作っておくことで、第一段階の踏ん張りの所作を解消してしまっているのです。

（注意点としては、前に倒れるように出るからと言って上体が沈むということはありません。重力を利用する形にはなりますが、それでも平行にすーっと出ていく形になるのがベストです。その方が予備動作が悟られなくなるので）

こんな簡単な身体操作でノーモーションの踏み込みができてしまうのです。ノーモーションで踏み込んで、ノーモーションで打ち抜く。これだけで現代格闘技では第一級の強さになることができます。

◉ノーモーションの踏み込みができているかの検証方法

相手に目の前に立ってもらって、出てこようとしたら下がってほしいと言います。それに対して、自分が踏み込みます。

相手が自分が出ると同時に下がれたら、モーションがあるということです。

自分が先に入ることができて、相手が下がれなかったらモーションがないということになります。反応できるかどうかの応用検証ですね。

突きのバージョンを踏み込みに変えただけです。ぜひ、試してみてください。

2 心を読む　～なぜ達人は相手の動きが読めるのか？

心を読む、と一口に言っても達人によって原理は違うと思います。ただ、私が発見した本当に不思議な現象について、ここではお教えしたいと思います。

まず初歩的に相手の動きを読むというレベルについて。

これはゲームでもあったことですが、相手の動きがパターン化されて読むことができるようになるということです。経験値から来る読みですね。

このルートを通りたくて、という心理戦のレベルから始まって、ここを攻撃するということがわかってきます。

伝統派空手で言えば、この間合いは蹴りを打ちたいとか突きを打ちたい場面だとか経験を積み重ねていくと分かっていきますよね。

もっと言うと、相手のモーションを見ると蹴りなのか突きなのかというのは簡単に分かってしまうのです。

ところが上位のレベルになっていくとモーションがなくなっていく。剣術の達人と呼ばれる人たちは、モーションがない世界で斬り合っていたわけですから。さらに高いレベルの読みが必要だったのでしょう。心を読む、という世界について触れていたわけです。

伝統派空手を始めて一年が経った頃ですが、とても不思議な現象を発見したのです。

相手が何か攻撃しようと思うと、ざわっと肌に違和感のようなものを覚えたんですよね。

一日10時間以上、シンプル（何も特別なことはなく）に体内の感覚に意識を研ぎ澄ませる日々を過ごしていくと、体の異変に、信じられないぐらいに敏感になります。

筋肉一つひとつ、関節一つひとつの動きから始まって、あらゆる変化を察知することができるようになります。

その不思議な現象が起きたのは夏。

むせかえるような道場で体中汗をかきながら練習に打ち込んでいました。

気絶しそうなぐらいに汗をかいて、それでも動くことをやめずに休み時間にも動いて、自分の体中の水分があらゆる迷いと共に流れ出していって、いくら水を飲んでも流れ出していく速度の方が上回っているのではないかというぐらいに汗をかいて…。

フラフラでもう何も考えられず、何か工夫する力も残っておらず、立っていることしかできなくなった。

すると、すーっと自分の中が静まり返ったのです。

ふと周りを見てみると世界が本当に澄み切って見えました。磨き上げた窓のようにキラキラと道場の中が輝いて見えたのです。

その研ぎ澄まされた状態で、ぼけーっと立っていました。

そこは道場ですから、相手を取って突きを受けたり払ったりする場面がやってきました。

そのとき、それは起きました。

相手が突きを放とうとする寸前に、体の前面の肌をゾクっとなでるような感覚が現れました。しかし、相手はまだ突きを放っておりません。

実際には風は起こっていないのに、まるで風が吹いたかのような感覚が起こったのです。

そこから相手が突き始めるということがありました。

もう一度試しにその感覚を取りながら体を捌いてみると、相手が攻撃する前に対処できるという現象が起こったのです。

相手が驚いた顔で、もう自分のいない場所を攻撃し始めるという。

五感を研ぎ澄ませるだけ研ぎ澄ませていくと、相手の攻撃しようという雰囲気のようなものを肌が察知していることに気づいたのです。

3 "水月移写"のメカニズム

ところが私は、合理主義者なのでこれは目の錯覚なのかなと最初思ったのです。

何か思い込みのようなもので錯覚を起こしていないか。単に反応反射の速度がかなり早いだけで、相手よりも早く動けた可能性もある。

そこで、この肌で相手の攻撃を察知するという現象をより客観的に、より具体的に検証する方法を考えました。

つまり、本当に肌が相手の雰囲気を察知して攻撃を感じ取ることができていたのか。目によるごまかしではないか。

それを調べるために、私は背中に対して突きを打ってもらうことにしたのです。

また、道着では音が出るので、音の出ない柔らかい服を着てもらって、さらに私は目をつぶって背中を向け、五感のごまかしではなく、肌が本当に察知しているのかを調べてみました。その状態でタイミングも知らせないようにしてもらって、自由に突いてきていいという形を取りました。

後ろから突いてもらうと、「ざわぁ」という肌をなでるような感覚が出てきました。

それでふっと横に体を捌いたら、突きが素通りしていったんです。

何回やっても反応できてしまうということがありました。耳でもない、まして目の錯覚などではありえない世界が広がっていきました。

これは一体何なのかということを調べました。

古流剣術には水月《すいげつ》移写《いしゃ》（すいがついしゃ、とも云う）という奥義があります。

その意味は簡単でして、月が水に写るように自分の心に相手の攻撃が写ってくるというものなのです。

いわゆる心の反射があるという話です。相手が攻撃しようと思うと、その思いが自分に写って分かる。

水に写る月、つまり攻防の反射を水月に例えたわけですね。

背後からの突きを察知する

背後から、任意のタイミングで自分の背中に向けて突きこんでもらう。“何か”を肌感覚のように感じ取れたら、身をかわす。

武道における水月という言葉には色々な意味がありますが、攻撃察知という点においてはおよそこの意味の通りだと思います。

水月という言葉は、一刀流の伝書にも伝わっています。抒情的で美しい表現ではありますが、決して幻想的なものとしてではなく、まるで肌感覚で自分にも起こってきたのです。

体全体に相手の動きが感応し始めるようになっていました。心を読む、とはこういう世界なのではないのかと思います。

しかし、私は現実には相手の心を読んでいるわけではなく、あくまでも相手の攻撃心に対して肌が「ざわぁ」という何かが触れるような感覚が出てきて反応できるというだけなのです。

相手が考えていることが分かるというよりも、相手の「やってやる」という雰囲気が肌をなでるような感覚で分かってしまうようになっていたのです。

このメカニズムというものは、ちょっと現代の科学では説明の付くものではありません。

肌にそういう機能があると確認されたことを寡聞にして知らず、またこんな不思議な現象を理論で説明するのはなかなかに難しいものがあります。しかし、そういう現象が確認でき、現代文明の科学の常識を超えた世界が武道の真髄には横たわっていたのです。

そのとき、一部の脳科学者が主張しているような「心は脳の錯覚に過ぎない」という考え方が私の中で徐々に衰えていって、まったく新しい世界が広がっていくのを感じていました。

明らかに「何かがある」という手ごたえのようなものを感じ始めたのです。何なのか分からないけど、何かがあるということだけは分かりました。

(この不思議な反応は、人が普段見落としている微細な感覚に過ぎず、自分の感覚を上げていけば誰でも感じ取ることができるものなのではないかと思っています。私は武道の探究において、体の感覚をとても大切にしました。具体的にはとてもシンプルなことでして、体を動かすときによく体内を「感じ取る」ように意識していたわけですね。その結果として、この肌の微妙な変化に気づいてしまった。攻撃を受ける前に攻撃に気づいている「肌」の反応にもしも自分が応えることができれば、通常ではありえない反応ができるようになるということです。水月移写とは案外こんな単純なものなのかもしれないと、私は思うのです)

4 "気"の感じ方 ～気を吸い上げながら前に出る

あまりにも不思議で、たまらなく楽しい探究が始まりました。

ちょっとやそっと検索したり、人工知能が数百億回の試行を重ねても(既存の情報には無い体験のために)見つけることができない忘れ去られた古の、しかし新しい世界が「身体で感じることができる」ようになっていきました。

伝統派空手には確かに不純物(二拍子の動き)がある一方で、本当に素晴らしい形が残っていたんですよね。

それは前章でも取り上げた「三戦《サンチン》」と呼ばれる空手の形です。

この形は、呼吸に合わせてゆっくりと突いたり、払ったりするだけの形なのです。単刀直入に言うと、三戦をしていると驚く現象を発見しました。

繰り返し繰り返し、連続で10回20回と呼吸に合わせて三戦をしていると体に不思議な熱感のようなものが高まっていくのを感じました。

今までは体感がそれほど高くなく見つけることができなかった変化ですが、体の感覚が研ぎ澄まされるにつれて、三戦をやればやるほどに起こってくる体の変化に気づくことができたのです。

何度も何度も連続で三戦を呼吸に合わせて打ち続けると、信じられないぐらいに熱感が体内で圧縮されていくではありませんか。

最初考えたことは、「体温が上がっているのかな」ということでした。つまり、呼吸をよく繰り返す形なので、その呼吸によって体温が上昇しているだけなのではないかと。

しかし、その熱感というものは体内に留まらず、体外にまでじんわりと広がっているもので、三戦は呼吸を吸ったり吐いたりして突いたり引いたりするわけですが、その熱感が呼吸時に出入りしているのが分かるのです。

あまりにも不思議なので、繰り返し繰り返しやっていくだけではなく、三戦という形について調べ上げました。すると、「呼吸に合わせて気を練る形」だという記述が空手の達人の著作から見つかったのです。

古来中国から「気」という考え方がありまして、あらゆる存在を生かす生命エネルギーだと伝えられています。木にも海にも空にもあって、太陽光からも降り注いできて、人にすら流れている生命力があるというのです。その考え方が江戸時代の日本にすでに流入しており、この空手の形にさえも影響を与えていたということです。

この体中から体外にまで駆け巡る熱感は「気」なのか、それとも単なる体温上昇なのか。私は検証してみる必要があると考えたのです。

一般的な考え方だと単なる体温上昇だと切って捨てる現象ですが、私はゲーマーなので何でも試してみる癖があったんですよね。

三戦を打てば打つほどに高まったこの熱感。

そして、呼吸で操作できるこの熱を圧縮するだけ圧縮して、組手に応用することにしてみました。

相手には一切の前情報を与えずに実験してみました。

相手が入ってくるときに、体内で圧縮した熱感を「はっ」という呼吸と共に手から思い切り出してぶつけてみたのです。

そうすると、相手がのけぞったんです。

「フェイントのように感じてビックリしたのかな？」

と私は思ったのですが、その後に何人かに試して、なぜ怯んだのか聞いてみると「押される感じがあった」ということでした。

ただ、フェイントでもこういった現象は起こるので、逆の操作をしてみることにしてみました。

吐く呼吸を使うと、気のような熱感を吐き出すことができる。逆に吸う呼吸だと、体外の熱感を吸い上げることができるのでは、と考えました。そこで相手の体内にもある種の熱感が流れていることを感じて、今度は「気」を吸い上げてみることにしたのです。

私が前にゆっくりと踏み込もうとするときに、相手にはバックステップを踏んでほしいと頼みました。普通にゆっくりと踏み込んだら、相手は反応して後ろに下がることができます。その時に今度は吸う呼吸で相手の体中の「気」なるものを吸い上げながら出てみました。驚くことに相手はその場に吸い付いてしまって、下がれなかったのです。決してノーモーションで踏み込んだわけではなく、ゆっくりと踏み込んでいるのに下がれませんでした。

一切相手に前情報を与えずに、約束組手のような場面で相手が下がらないといけないときにも試しにやってみました。

吸う呼吸で相手の体から気を一気に抜き取ってしまうと、ゆっくりと出ても相手は下がれない。まるで目を白黒とさせるんですよね。

それで先生がやってきて、「下がれ」と相手に言うわけです。

私はまたゆっくりと出るのですが、気を吸い上げるとやはり相手はその場に居着いたようになってしまって動けなかったのです。

単なる体温上昇では説明の付かない現象があるということは明白でした。

何度検証しても確認できるあまりにも不思議な現象であり、人よりも固定概念のない私には当たり前のように「気」なるものを受け入れていくことができたんです。実際の攻防に役立ってしまうわけですから、それは確かにあるということになってきました。

三戦には呼吸によって気の出入りを体感させ、コントロールすることができるようになる技法が内包されていました。

"吸う呼吸"で相手の反応を封じる

踏み込んで相手に突きを入れる。この時、息を吸いながら（相手の"気"を吸い上げる気持ちで）踏み込むと、一瞬相手の反応が遅れる。

それに「気づくこと」ができれば、抜き出して技として使えるのです。

気をコントロール下に置くことによって、さらなる上の世界が切り開かれていったのです。

そして、それは日本武道の本来の在り方に迫った世界でした。気を読んで相手の攻撃を察知するということもできるようになってきました。相手の体の周りに気の流れ、つまり生きとし生けるものはすべてに流れる生命エネルギーのようなものを感じ取ることができるのです。人が放っている「雰囲気」があるんですよね。

その気が流れるときに反応すると、攻撃を回避することすら可能なのです。

この「気」なるものについて、あまりにも興味が湧いたので中国拳法についても調べ上げました。

その中でも気を充実させる効果が高い站椿功《たんとうこう》というシンプルな修練法を見つけ出しました。立禅とも言うだけあって、立ちながら禅のようにしているだけのことなんですよね。ただ両手を下腹部の前に向かい合わせて、それでわずかに膝を曲げて、ずーっと立ってるだけなのですが。

実際にこの立禅をやってみると、体中にものすごい熱感が充実していくのです。まさに気という気が体に満ち満ちていくのを感じました。

站椿功は養生功《ようじょうこう》とも呼ばれ、気を養う効果があったのです。

そして、10分、20分、30分とやればやるほどに気が充実していって、さらに体の周りに気の膜が覆うようになってきたのです。

そのときに誰かに後ろから攻撃をしてもらうと、容易に相手の攻撃に反応して回避することができました。

攻撃されると、気の膜がまるで揺れるような感覚が出てくるのです。目をつぶっていても、耳を覆っていても、背面の攻撃がよりはっきりと分かるようになり、回避することができるようになったのです。

気、というものが存在していることは何回も検証することで分かってきました。体温上昇だけでは絶対に再現できない技によって見つけてしまったのです。

五感を超えた世界が存在するのではないか、という出来事を武道の世界で目の当たりにしていきました。

5 "目をつむっていても分かる"という境地は遠くない!

試しに講習会を開いてみて、参加者に站樁功をやってもらったんですよね。それで気の感覚が出てきたという人が2、3人いたので、その人たちに後ろから攻撃してみました。

そうすると、背面の攻撃に反応できてしまったんです。後ろの攻撃に反応して、体を横にそらすことができてしまったのです。

ちょっと教えただけで、普通の人でもできたことに驚きました。

私の服(柔らかい深緑のトレーナー)は音が出ないものを着ていたし、相手は背を向けているわけですから目や耳では反応できません。まして、掛け声など出さずに無言で突いてみせるのですが、後ろからの攻撃に反応して避けられたんですよね。私だけではなく、教えた人がさらっと簡単にできてしまった、ということで、再現性のようなものが出てきたのです。同じ条件を整えて同じ訓練を積んだら、他の人でも潜在能力が引き出されて自然反応できるようになるというものです。まさに昔から伝わる「形《かた》」や修練法には素晴らしい効果があったのです。

背面の攻撃回避は、まさに剣の名人たちができたという伝説のようなものですが、やり方さえ分かれば誰でもできることなのではないでしょうか。気の感覚をつかんでしまえば、人は簡単に相手の雰囲気を察知して攻撃をかわすことができるようになるのです。しかし、それが「存在しない」という強い思い込みを持っているために、検証すら人はしようとしないのです。

気に対する理解を深めていくと、すべての人たちが当たり前のように放っているものだと分かってきました。生きているすべてのものが放っているものなので、誰でも帯びているのは当然の事実なのです。

今すぐにでもこの本を読んでる人たちが簡単に確認することができるものだと思っています。

例えば、視線を感じるということはありませんか。なぜか人から見られているということを感じることがあったりしますよね。あれはよく感じ取ってみると、目から気が出ていたりするのです。

人に指を差されると嫌な感じがしませんか。実は指から誰でも気が出ていたりするのです。

実際に今、自分の人差し指を顔に差してみてください。そして、顔の左右にゆっくりと振ってみると顔の肌をなでるような微妙な感覚を見つけ出すことも可能です。

こういう簡単なことで、すでに人は「気」というものを体感できているわけですね。

武道の達人は、こういった基本的なことから相手の攻撃を察知することができるんです。

本当に感覚の世界なんですよね。

"気"を感じ取りやすくなるための站椿功

①足を肩幅ぐらいに開き、両手を下腹部の前で向かい合わせる。
②膝をわずかに3センチぐらい曲げる。
③この状態で30分ぐらい立ち続ける。

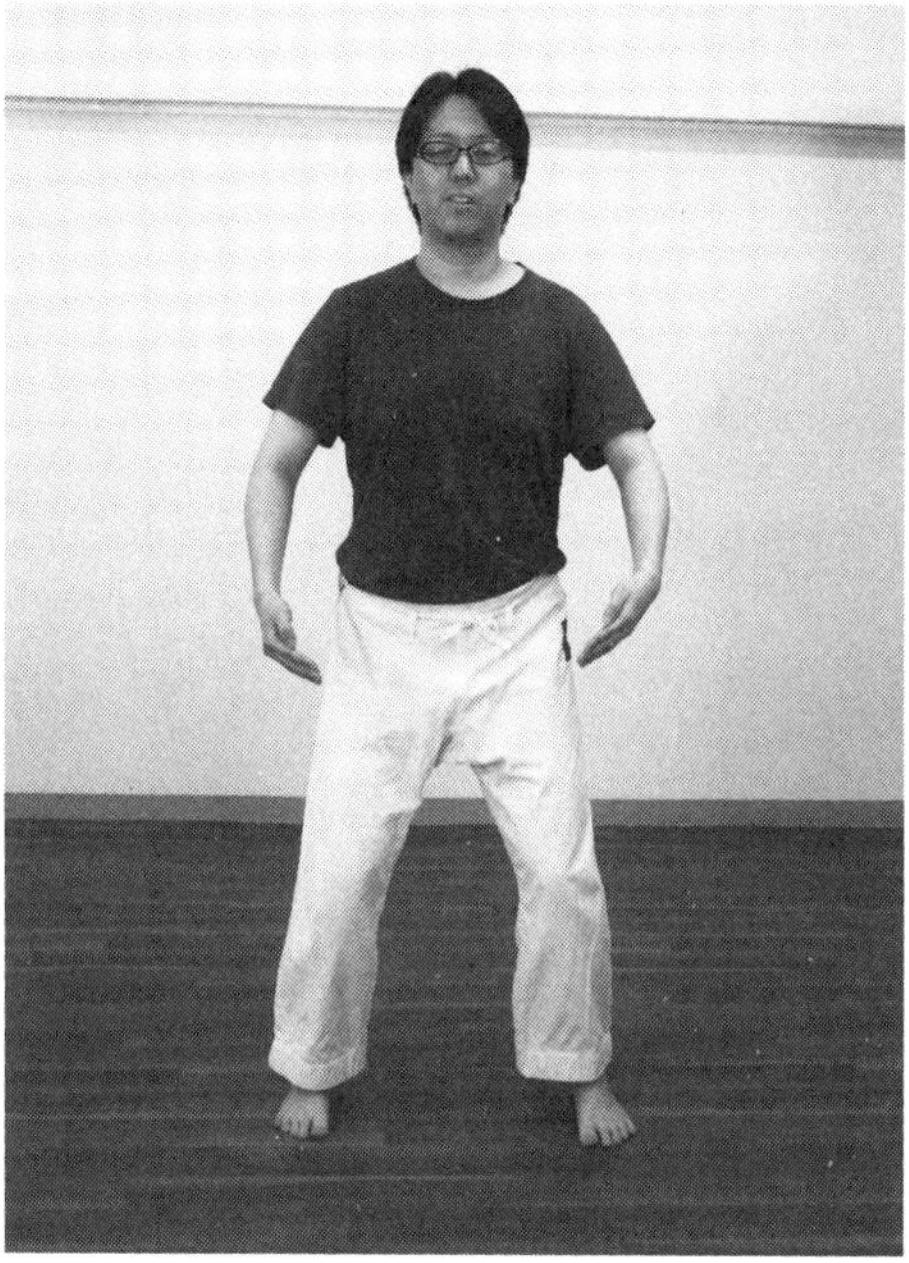

しかし、どうしても体感できない。分からない、という人のためにここでは気を感じ取りやすくなる方法をお教えします。

站椿功のやり方をお教えしましょう。

足は肩幅ぐらいに開いて、両手を下腹部の前で向かい合わせます。

膝をわずかに3センチぐらい曲げます。そうすることで気が充実しやすくなります。

この状態で30分ぐらい立ち続けてください。

これが站椿功です。

もしかしたら厳しいと感じるかもしれませんが、そのときは楽に立てる姿勢を探しながら立ってみてください。この立禅の姿勢を取ることで自然と人は体に気が充実していくのです。特に膝をわずかに曲げる動作が足から漏れ出す気を抑えて、その人の

掌で“気”を感じる検証方法

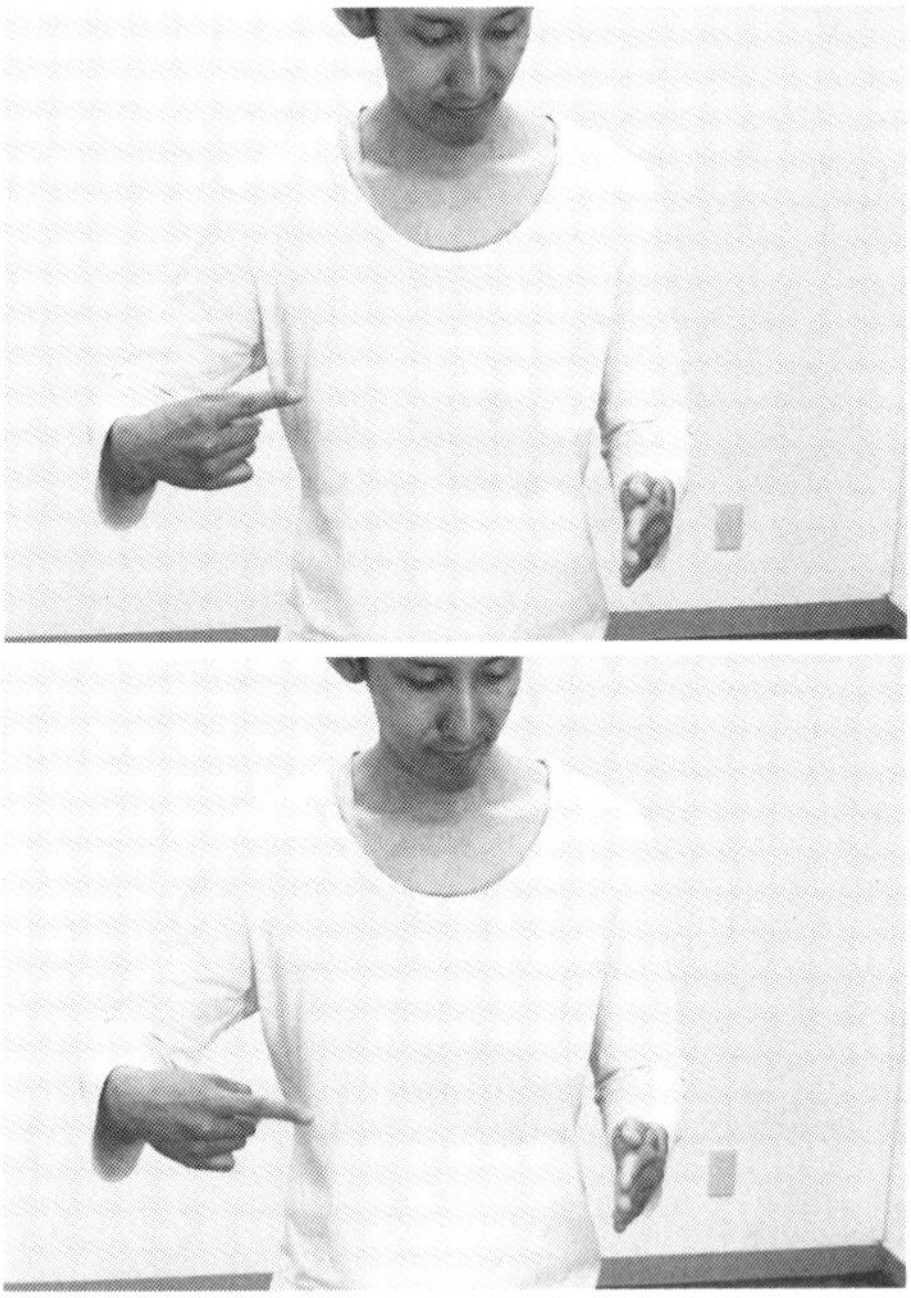

左掌を開き、その掌に右手の人差し指を差し向ける。その指をゆっくりと前後上下させると、左掌が押されるような感覚がある。

体に気を充実させる効果を上げます。

もし、指先に熱のようなものやびりびりとした体感が出てきたら、それこそが「気」です。

◉掌で気を感じ取る検証方法

站椿功を終えた後に試してほしい検証方法です。

今、站椿功をすることによって体に気が充実し、指先からとても気が出ている状態になっています。

左掌を開いて、その掌に対して右手の人差し指を差し向けるようにしてください。

このように右手の人差し指を左掌に向けたら、それを前後上下にゆっくりと動かしてみてください。

右手の人差し指から出る気によって、左掌がふわぁーと押されるように感じると思います。

それは右手の人差し指から出ている気によって感じる感覚なのです。

とても微妙になでるような感覚なので、静かな部屋で感覚が研ぎ澄まされた状態でやってみてください。


また、站椿功をすることで体中に気が充実していると感じられた方は、他の人に後ろから突いてもらうと背筋がざわりとして避けることができたりします。

気とは不思議なものでも何でもなく、誰でも感じ取れるものなのです。

いいえ、皆さんがすでに日頃から感じているものです。

この古来の叡智を武道の世界ではあくまでも攻撃察知に応用しているだけで、本来は人の生命を成さしめるエネルギーなのだと思います。

現代の科学文明は確かに素晴らしいものですが、発見していないからと言って存在しないとするとこれからの研究の必要性が無くなってしまう事にはならないでしょうか。

科学はすべてを明らかにしたわけではありません。まだ、見つかっていないものだって数多くあります。

武道を通して体感できるものがあります。再現性を持って見つけ出せる現象があります。

私はこれらを探究する楽しさを味わいながら、次々と古の扉を開いていきました。

第6章

心と身体は繋がっている
〜上達論と鍛錬論

1 心が体に及ぼす影響、体が心に及ぼす影響

心技体《しんぎたい》という言葉をことさらに説く人たちがいますが、その真髄について理解している人はどれほどいるのでしょうか。

何か難しい理論のようなことを語る人たちがいるかもしれません。

実は、それほど難しいことではありません。

例えば人は怒ると肩が上がり、さらに力みのようなものが出てきます。変に力を入れて踏ん張ってしまうのです。

皆さん怒ったことがあると思いますが、その怒りのレベルによっては体が力んでいたりすることがありますよね。地団駄を踏むほどにはさすがになかなか怒らないと思いますが、かなり怒った時は自然と拳を握っていたり、肩に力を入れていたりして、わずかに前傾になっていたりします。

昔の戦場ではその力みこそが命取りになるのです。

肩が上がり、腕が力んでいると、動きが何拍子にも分割されてしまうのです。カチコチに体が固まってしまった状態では、一拍子で動くことは至難なんですよね。

一拍子で体を使うためには無駄な力を抜き取って、すっと動く必要があるからです。

医学的にもわかっていることがあります。

人は怒りすぎると心拍数が上昇し、頭に血が上り、中には怒りすぎて脳溢血になってしまう人がいた

りします。人の心は、体の健康状態にすら影響を与えてしまうわけです。

逆に、ぼけーっとバス停の前で立っている人がいます。

そういう人は肩が沈み、信じられないぐらいに重心が落ちていたりします。そのときに人が当たった人が逆に突き飛ばされてしまったりします。

ぼけーっとしている人はある種の達人のような状態に、その瞬間だけなっていることがあるのです。

武道ではやたらと「無の境地」という言葉がもてはやされたりしますが、そんな難しいものではなく、人はちょっとぼけーっとしているようなときになぜか武道の奥義を体現していたりすることがあるんですね。古の達人たちは普段から人が体験している事の中にぞっとするぐらいのインスピレーションを得て、技に転化していたわけです。

心技体というのはそんな難しいことではありませんよね。

心の状態が体に影響を及ぼすということ。

だからこそ、昔の剣士たちは禅で心を修めましょう、ということをわざわざ言ったりしたのかもしれません。心が乱れると弱くなってしまうわけですから。

その逆のバージョンも存在しています。つまり、体が心に影響を及ぼすということもあります。

この本を読んでいる方に試してみてほしいのですが、今、背筋をスッと正してみてください。

心なしか気分がスッとしてきませんか。それを半日でもいいから維持してみると、驚くぐらいの精神的な変化に気づかれると思います。

街中を見ていても、ぱっと見ると分かることがあります。

明るい人は背筋を正して顔を上げていて、暗い人は背中を丸めて下を見ていたりします。

この姿勢ひとつでも精神状態から技の掛かり具合まで、劇的に変わったりしてしまうのです。

例えば風邪を引いたとしますね。

寝込んでいたとしましょう。普段考えないネガティブなことが浮かんでいたりするかもしれません。人はちょっと体が弱っただけで、精神的に落ち込んだりすることがあるわけです。

試しに暗くなりたい人は背中をできるだけ丸めて、うつむいて一日を過ごしてみてください。

それだけで簡単に人はネガティブになることができるのです。それを一週間も続けると、体の辛さから考え方まで変わってしまうことがあります。

体の姿勢によって心の状態が変わるということもあるわけですね。

武道には「形《かた》」がありますが、この形には体の姿勢から心にまでアプローチする作用が含まれていたのです。

形を打ちこむことによって姿勢が正され、体の感覚が変わり、体の感覚が変わることによって精神状態まで変わってしまうのです。

よく武道をやることで精神を養うという話がありますが、この真髄は体と心の関係にあったのです。(この話から分かると思いますが、ちゃんとした形が伝わっていなければ武道とは言えませんよね。形にこそ「道」があるからです。成長していく体系が含まれているからです。形がなければ個人の才能や努力でしか強くなる方法がないわけですから。)

そして、心と体はどちらからでもイコールでアプローチできるということがわかってきました。

背筋を正していると、突いたり投げたりがものすごく効くということがありまして、さらに進んでいくと心がポジティブになったりするということが体験的に分かってきたわけですね。

体の状態が心の状態を決め、心の状態が体の状態を決める。つまり、心の状態も大切だということが解ってきたのです。

そこで一つの問いが生まれます。では、どの心の状態が武道的に一番強いのか。

こんな疑問が湧きまして、面白いアプローチを始めたんですよね。

あんまり怒っていると動きが分割されて鈍い。すごく緊張していると転んだりする。怯えていると体が縮こまって技を効かせられない等。

笑っていると無駄な力が抜き取れて人を投げやすい。ぼけーっとしていると重心が落ちて押しやすい。人が驚いて逃げるときの早さは半端でない等。

楽しい試行錯誤と、突然の閃きによってある日分かりました。

2 極意〝感謝〟で身体も技も変わる！

一番強い心の状態は、なんと感謝している状態だったのです。まず武道で感謝しながら戦うということはあり得ませんよね。ほぼ人は戦うときに殺気を帯び、殺伐としています。（だから、今まで見つからなかったのだと思いますが。）

ほとんどの戦場や、試合ですら緊張がまず前提にあります。そこから恐怖が加わったり、不安が加わったりして、体の硬直が生まれていって、普段よりも能力が発揮できないという状態に陥るわけですよね。

こういう現象はスポーツでも確認されています。練習で100パーセント能力が発揮できても、試合では80パーセント力を発揮できればいい方だというわけです。

ネガティブな感情が人を弱くするわけです。逆にポジティブな感情が人のパフォーマンスを向上させることがわかってきました。人は楽しんでいると体の無駄な力が抜き取れてストッパーが解放され、思ったよりも早く動けたりします。これは楽しくゲームをプレイしているだけで集中力が高まり、信じられないスコアを叩き出した体験からも感じていたことでした。

武道でも同じことでポジティブな気分になっていると、相手に技が掛かりやすいのです。そのポジティブな感情の中でも一番感謝が効果が高かったのです。

まず人は心から感謝するとき、自然と頭を下げますよね。そうしますと重心が落ちていき、肩もすとんと落ちるんですよね。

この重心が落ちて肩が落ちている状態はとても強く、それで突くと胴体の力がずとんと相手に伝わって効かせられるわけです。普段よりもあらゆる面で力が発揮できるようになるんですよね。

より深く感謝している状態になると、脳波の状態まで変わってくると言われています。自然と笑顔のように顔がほころんで、体の無駄な力が抜き取れて脱力が実現し、体が開いた状態になり、一方で腹に必要なだけ力が入るようになります。

この状態で突いたり、投げたりするとあらゆる動作が効きます。心から感謝していると人は簡単に達人のような身体の状態に達することができるのです。人は感謝していると強い、というのは思わぬ発見

“感謝”の気持ちが力を変える⁉

怒りや対抗心、緊張などの心の状態は身体およびそのもたらす運動にマイナスに作用する。ゆえにその逆の“感謝”の気持ちをもってみると、身体から無駄な力みが抜け、合理的に働くようになって力も大きくなる。

1 踏ん張って立っている人の肩を押し、その崩れ加減を覚えておく。

2 相手に対する〝感謝〟の念を抱いてみる。

3 〝感謝〟の念のまま、さっきと同じように押してみると…

4 さっきよりも大きな力が相手に伝わるようになっている。

でした。感謝している状態ならさらっと教えただけで10人近くの人を簡単に押せてしまいます。

まるで合気道の達人のようなことを一般人の方でもできるようになってしまうんですね。

純粋に楽しみながら試していくと、こんな不思議な現象まで見つけ出すことができたのです。思い込みを持たずに、何でも試してみるものですね。

感謝すれば人が「実際に強くなる」ということは、見たことも聞いたこともないような新しい発見でした。しかし、昔の人たちが感謝の大切さを説いていたのは、もしかしたらこのようなことを実際に体感していたからかもしれませんね。古くて、新しい発見でもありました。

転神流《てんしんりゅう》という私が創始した武道の極意は、この感謝することにあります。感謝すると人は強くなる。たったこれだけのことなのです。

3 何を鍛え、練っていくべきなのか？

達人になるためには、という前提に立ってお話しします。

私は「筋肉」とは言いません。

ただ何も考えずにウェイト・トレーニングを積めば、こういった発見が見つかったかと言えば、まずありえなかったでしょう。

さりとて説教臭く「心」とも言いません。

人が強くなるためには「意識」を鍛えるべきなのだと思っています。

例えば、武道には正中線《せいちゅうせん》という言葉がありますね。身体の中心に一本の棒が通ると、達人のようになれるというわけです。この体の中心に一本の棒が通っている「意識」こそを鍛えていくべきなのです。

この感覚に気づいて、いくらでも応用できるようになると人は達人になれます。

この意識、体の感覚とも言うべきものをつかむために「形《かた》」が存在しているのです。

実際に背筋を正して体に一本の棒が通ったような感覚がある状態で押したり、投げたりすれば想像以上に技が効きます。

達人になるためにはこの「意識をつかむ」ということが大切なのです。

感謝している状態にしてもそうです。まさにその状態で生まれる爽やかな脱力感覚こそが技であり、術理であり、すべての動きを実現することができるのです。

私が高速で体を切り返すときには、まるで腸腰筋に張るような感覚があります。

夫婦手を使って、高速の連続突きをするときは肩甲骨の裏側から両手の指先が繋がっているかのような感覚があります。この感覚こそ、練っていくべきものなのです。

あらゆる技を実現しているのは「意識」にあり。

ことさらに武道では無意識を説く人がいるけれど、実際には「意識」がなければどんな動きも実現できないということを私は強調しておきたいです。

4 鍛錬で本当に培われていくものとは？

間違いなく言えるのは、鍛錬を積むと確かに筋肉が付きます。しかし、それは意識の発達と共に付くべきものであって、単純動作による筋肉は実際の攻防には役に立たないということを感じます。

筋肉と意識と感覚は、すべて同時発達させるべきものだと思っています。

筋肉は確かに付いていれば付いているほどいいとは思いますが、有効活用できない筋肉は飾りになってしまいます。

それを物語る、ある炭鉱夫と意拳の創始者である王向斉《おうこうさい》の話をしましょう。

王向斉が達人になるまでの話ですが、少年時代に形意拳の達人である郭雲深《かくうんしん》という方に師事することになったのです。この方が大変な実力者で、半歩出て突いただけで相手を倒すという最高レベルに達した達人でした。ところが王向斉には站椿功しかさせなかったのです。

「立ってろ（站椿功をしていろ）」

とだけ言って、一日中站椿功をさせていたのです。

少年だった王向斉は意味が分からず、なんでずっと立たされているんだろう？と疑問に思ったのです。

ちゃんと形意拳の形を教えてほしいと思って、兄弟子たちに形を聞いて回ったのです。

それを聞いた郭雲深は怒り、一番強くなる方法を教えてるんだと王向斉に言い聞かせたんですよね。

王向斉は結局、立禅しかまともに教えてもらえなかった。二つぐらいの形を少々と教えてもらえただけで、実質的には站椿功ばかりするだけだった。そして郭雲深はそのまま死んでしまったんです。

しかし、王向斉は16歳の時点で達人になっていたのです。

数十人ぐらいの山賊に襲撃されても素手で立ち向かって返り討ちにしたり、尋常ではない強さに到達していました。

他の形にほとんど時間を費やさず、站椿功を極めるだけで達人になってしまったのです。

王向斉は老年になってからさまざまな弟子を育てていたのですが、その中に推手ばかりやる炭鉱夫がいました。站椿功を全然やらずに、ひたすら推手ばかりやっているのです。

中国拳法には、推手という、手と手を合わせて勁（力）を伝え、感じ合い、時に相手を崩す、一種の組手があるのです。王向斉はそれを見て炭鉱夫に言ったのです。

「こんなスカスカの体で推手ばかりやっても意味ないよ」

炭鉱夫はびっくりしたんですよね。

毎日炭鉱で働いているので何十キロもの重いものを持ち上げていて、ものすごく鍛え上げられた体だという自負がありました。それはそれはウェイト・トレーニングでは作れない実用的なムキムキの体でした。にもかかわらず、王向斉に「スカスカの体」だと言われたんです。

炭鉱夫が反論すると、王向斉は「押してみろ」と言いました。

老人を押せませんと炭鉱夫が言ったのですが、繰り返し「腹を押してみろ」と言うので目一杯押すことにしたんです。

そうしたら、炭鉱夫が後ろに吹っ飛んでいったのです。

当時の弟子たちの証言が残っていたのですが、王向斉は站椿功にこだわったのです。彼はほとんど站椿功しかしておらず、弟子にも站椿功ばかり教えていました。形意拳の形らしい形をほとんど知らないのです。にもかかわらず、王向斉は国手と呼ばれるほどの最高クラスの達人になっていました。早すぎて対戦相手が見失ったり、軽く触れただけで相手が吹っ飛んでいくという証言が残っているほどです。

この話を調べ上げて、私も站椿功をしてみることにしたのです。ただ立っているだけに見えるこの動作にどれほどの意味があるのかを知りたかったんですよね。

鍛錬で本当に行なっていること、どういったものが培われていくのかを調べる意味がありました。それは、単なる筋肉ではないということだけは確かでした。ウェイト・トレーニングをした方が明らかに站椿功よりも筋肉は鍛え上げられるはずだからです。

10分、20分と続けていくと、体にさまざまな変化が表れてきたのです。最初はただ立っているだけのことが辛かったです。足裏や手が妙に張る感覚がありました。それで指先が熱感を帯びながらびりびりとしてくるんですよね。

站椿功のときはわずかに膝を曲げるのですが、時間が経てば経つほどに半端ではないぐらいの重みが太ももから腰に発生してきます。まるで何かが圧縮されているかのような重みが入ってくる。30分続けただけで、こういった体感が出てきたのです。

一週間ぐらい試していくと、指先に「ツー」と何かが通るような感覚が出てきて、掌にまるで本当の血液が流れ出したかのようになっていきます。

体の各部にむずがゆいような感覚が出てきて、太ももに突然に線が走るような感覚が出てくることがあるのです。これは「通った」という感覚に近いです。

次第に全身にエネルギーのようなものが満ち満ちていって、体すべてを気の膜のようなものが覆ってくる感覚があります。気が圧縮されているかのような体感が確かにあるのです。

やればやるほど「重み」が生まれる。

ちょっとやそっとの重みではありません。腰から膝までに生まれた「重み」、さらには手に生まれた「張り」のような感覚が培われていくのです。肩から指先までがピーンと張るような感覚があります。この重みと張りを維持した状態で、相手をちょんと押すとすごい勢いで吹っ飛んでいくんです。これはある種の〝全身一致〟の体と言ってもいいです。

しかし、生半可な統一ではありません。そこに圧縮された「重み」が加わってきます。この「重み」を利用すると、相手を突き飛ばしたりすることが簡単になるのです。

站椿功をすることで養われる感覚が、確かにあります。体中に気が満ち満ちてパンパンになるような感覚があり、まさに「スカスカの体」とは対極の体感が生まれていくのです。その感覚を利用すれば、達人の動きや技が簡単に再現できるようになるんですね。つまり、立禅にしても三戦にしても、ある種の意識や感覚を養うために存在しているのです。

三戦の感覚についてもお話ししておきましょう。

三戦を10回、20回と連続して膝を伸ばさずに打ち続けると、信じられないぐらいに足から頭の先まで気が充実していくのを感じられると思います。さらに呼吸のたびに、気が出入りしているのがわかるようになっていきます。

締めで絞られる絶妙な感覚がある種の体に統一をもたらしていることも気づかせてくれます。機能している重要な筋肉の配置がわかっていきます。この呼吸や統一できた感覚を利用すれば、あらゆる技が実現できるんですよね。

吸う呼吸で相手に入り、吐く呼吸で相手に入らせない。それはただ単に普通の人が息を吐いたり吸ったりするだけでは再現できず、あくまでも三戦などの形によって生まれた熱感の出入りを操作するときにできるようになるのです。

三戦には締めがありますが、ものすごく気が圧縮されてきます。圧縮されればされるほどに気の感覚が上がり、まるでモノのようになってきます。その気の塊を相手の顔にぶつける。そうすると、のけぞったりします。

逆に相手の体の気を全部ぶっこ抜いてしまうと、その場に居着いて動きを止めることができます。そこを投げたり、突いたりするとものすごく効くということも分かってきています。

三戦という形で感覚をつかんで、約束組手で応用する練習をするわけですね。その次に実際の試合などに使うということになってきます。

私は達人になるためには「四股を踏む」というシンプルな練習も推奨しているのですが、分かりやすく言うと力士のように四股を踏むわけですよね。そうすると、裏太ももと腰深くの筋肉（腸腰筋）が刺激されて発達していきます。それだけではなく、足が充実していく感覚が生まれていくのです。これができるようになるだけで当たりが力士のように強くなっていきます。

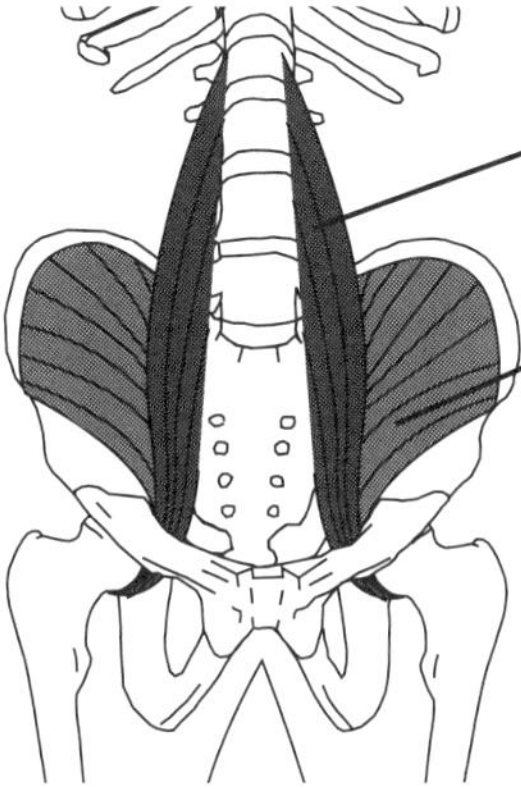

打撃に応用すれば（あくまでも対戦時に四股を踏むのではなく自然体で対処して、四股で発達した「意識」を使うわけですが）、当たりが強くなるので突いたら相手が崩されて下がっていくということになっていきます。

さらに「四股を踏む」ということを極めていくと、どんと足を下ろすのはしなくなり、ふわりとまるで雲を踏むかのようになっていきます。

まるで足裏全体で優しく雲を踏み抜かないようにバランスよく踏むんですよね。

足が地面に着いたときに、足裏全体がふわふわの雲を踏んでいるような感覚になります。

これは体が右に偏ったり、左に偏っているようではできません。ちゃんとバランスよくゆっくりと地面を踏みしめるわけです。そうすると、このふわりと踏む感覚は震脚として応用することができ、相手に触れた瞬間に「雲を踏む」ようにするだけで相手が吹っ飛んでいくという現象が起こります。単に筋肉を鍛えているわけではないのです。

結果として筋肉は発達していくものですが、本当に見つける

足腰の強さと身体統一の意識を作る オリジナルの“四股”

四股を実践していた達人は数多い。下に紹介するのは、効率的に足腰の強さや全身一致感覚を養うオリジナルの四股。

踏み下ろす時は力任せにやらず、足裏全体で優しく、あたかも雲を踏み抜かないようにする意識でバランス良く踏むのがポイント。

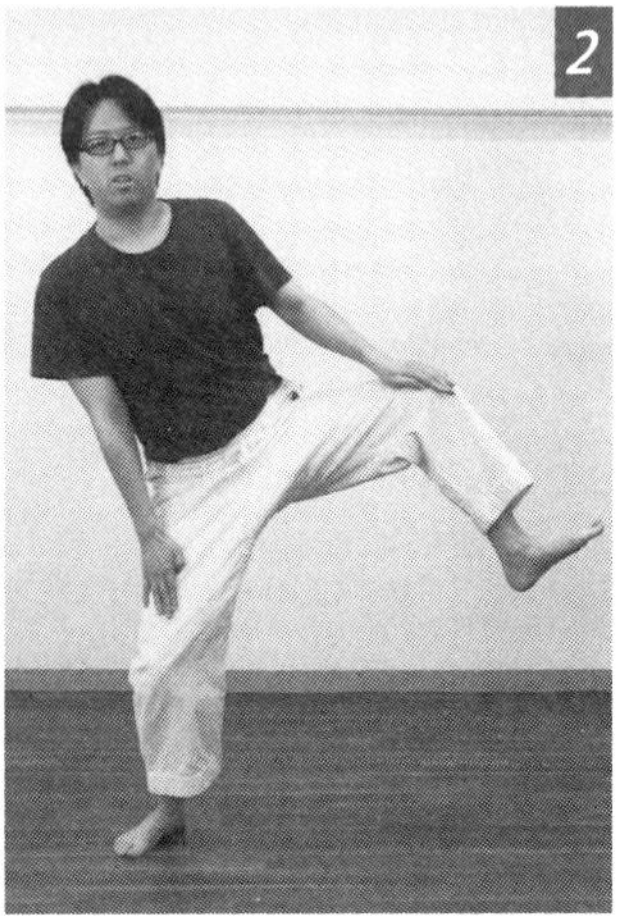

べきはこのように四股の「雲を踏む」ような感覚だったり、立禅の「重み」だったりするんですよね。

修練で培うべきは「感覚」なのです。そして形を意識的にちゃんとやり込むと、かなり早い段階でそういった感覚を見つけ出すことができます。

何も考えずにただやり込むだけでは不十分で、何かがあるというのを感じようとすればするほどに最速で技の「感覚」を発見することができます。

5 修練法はシンプルであればあるほどに効果的

シンプルであればあるほどに、ごまかしがききません。私は基本的にはシンプルな練習しか好まず、3つの基本的なこと（站椿功、三戦、四股）をやり込んでいました。その中でも四股は控えめでした。

私が習っていた伝統派空手の糸東流には形がとても多いのですが、先生にいっぱい形を教えてもらっても家で空手の形は三戦ぐらいしかしませんでした。

千の形を覚えるよりも、たった一つでもいいから本物の形を使えるようになること。なぜかというと、多くの形を覚えるだけでも何年も掛かってしまうからです。そして形を何十個も覚えると、忘れないようにするだけでコストが掛かってしまうのです。

ときどき思い出してやらないといけない。何十個もやり込んでいくことができない。できたとしても術理の発見に何十年と時間が掛かるということです。

何かすごい難しい形をやっていると、強くもなっていないのに強くなった気がするのです。武道の真髄である「感覚」よりも覚えた数に酔ってしまう。その動きの多さに飲まれてしまって、本当に大切な術理一つ見出すことができないのです。それよりもシンプルな修練を徹底的にやり込んだほうが簡単なんですよね。ごまかしがきかないので、最速で達人になることができます。

私は一気にばぁーっと調べ上げて、試して試し抜いて、あらゆる流派の優れたるところを見つけ出し、その練習方法で効果的なものを選び抜くと、たったの2つないし、3つぐらいで良いということが分かりました。シンプルな修練法に集約することで、武道の本質とは「何なのか」ということを体感していくようになっていました。

站椿功を30分ぐらいして気が充実した状態で、三戦をすると効果が倍増するということを発見しています。簡単に三戦の気の流れを見つけ出して、その術理を抜き出すことができるのです。私は、この2つぐらいしかやり込んでいません。剣術の形もたった1つだけ初期の頃はやっていましたが、今はまったくやっていません。

人は達人のような技を使えるようになりたかったら、1つか2つぐらいの形で良いんですよね。

6 ごまかしがきかない状態に自分を置く

私は途中で道場の練習を休んでいるとはいえ、もう数年ぐらい空手をやっています。

しかし、白帯なのです。

途中から帯の色に何の意味もないことに気づき、むしろ黒帯になり、二段になり、三段になっていった方が自分を弱くしてしまうのではないのかと気づいてしまったのです。

錯覚のようなことが起こってしまいます。

段位をもたらしているのは審査員にとって良い動きができるかであって、本当の術理を体現しているかどうかではないのです。

三段、四段になっていくと、そこのところを勘違いしてしまうわけです。段位が上がるだけで、ずいぶんと自分も空手が上達したと思い込んでいく。

すごく難しい形が打てるようになって、数多くの形を習得し、先生に教えられた正確な動きができて、組手もうまくできるようになった。

しかし、それは本当の強さなのでしょうか？

審査員が本来の空手を体現しているのならば、確かに段位は意味を持つかもしれません。それは見る目があれば、こそです。ところが二拍子になってしまう教えがあるように、伝統派空手には数多くの不純物があります。

形試合では不必要な気合掛けが行われ、本来の形からかけ離れた動きをしていることがあります。ただ見栄えを良くして得点を取るためだけに、です。

糸東流の開祖の長男に摩《ま》文《ぶ》仁《に》賢《けん》榮《えい》先生という素晴らしい空手の達人がいらっしゃいましたが、その方が著書「武道空手への招待」でそれとなく言及されていたことがあります。

今、形試合に開祖が出ても勝てないかもしれない、と。

開祖が勝てない形試合。

もはやそれは本来の空手の形ではないということを暗に示しているのではないでしょうか。

その中で段位を取得していくことは、ある種の錯覚を自分にもたらし、間違った複雑な動きによって本来の術理から遠ざかり……子どものような自然な動きからかけ離れていくのではないでしょうか。

そこで私は、やればやるほどに弱くなることをするのではなく、あえて白帯という立場に身を置くことによって純粋に術理だけが問われる世界に身を置くことを選んだのです。段位という看板もなく、実力だけが問われるわけですよね。道場ではほぼ全てが先輩で、相手が忖度することがないわけですから技が効くかどうかが厳しく問われます。

あえて、ごまかしがきかない状態に自分を置く。あえて不利な状態で検証するという方法が武術にはあります。

自分が倒れ込んでいる状態で抑え込んでもらったりします。それをどうやって返すのか、という検証方法を行ないました。そうすることで、「できているかどうか」がすぐに分かってしまいます。

弱い人は試さない。強い人は試し抜く。

上達するためには正確な検証を求められます。正確な検証をしなければできているかどうかが分からず、見つけ出せるものも見つけ出せません。そこでわざと、ごまかしのきかない状態を姿勢でも立場でも作るわけです。その状態を返せるなら体現できているわけで、それを知ることが上達のカギなわけですから。フェアであればあるほどに良く、純粋であればあるほどに強いのです。

7 具体的にどうやって上達したのか（高みを目指すには）

どうやって上達するのかということは、実はとても切実な問題なのにあまり論じられていないことだと強く感じています。

武道・武術に限ったことではありません。スポーツから将棋のような勝負事に至るまで、ピアニストから医者に至るまで、それこそ腕前が問われていくわけですから、上達していくということはスポーツから仕事まで実はものすごく大切なことなのです。

スポーツが分かりやすいですね。上達しないとプロにはなれないわけですから。

ここまで上達する方法が重要なのに、全然わからないとはどういうことかと思い悩んだものです。

小さい頃に将棋をしていたことがすこしばかりあったのですが、まったく上手くならなかったのです。本当にまったく上手くならなかった。何回やっても勝てない友達がいて、それで敗れ続けるということがありました。

どうやったら上手くなるのか？　それがまったくわからなかったんですよね。誰も教えてくれなかったし、結局将棋は辞めてしまったのですが。

こういうことは他にも頻繁にありまして、上達する方法が知りたいなぁと思っていました。

今、武術が上達したからこそ皆さんにお話しできることがあります。

この項目ではどうすれば武術が上達できるのか、果ては上達の本質とは何なのかを話してみたいと思います。

上達する方法は何事にも通じるものがあります。

この項目を読むと武術を極められるだけではなく、世界的なピアニストから名医になる方法までわかってしまいます。

経験を重ねてから、将棋で上達する方法について研究していたのですが、それはとても簡単でして、強い人の棋譜を見る。真似してみる。そして、強い人の将棋のやり方をできるようになること。さらに加えて詰将棋をやり込むと勝ち口がわかってしまい、上達するということが分かりました。

今、大注目の藤井聡太さんという棋士がいるのですが、もうめっぽう詰将棋が強い。

ある女流棋士が将棋の上達のコツは強い人の真似と詰将棋を研究することとおっしゃっていました。

これでピンときましたね。これは武道と同じではないか、と思ったのです。

武道の場合でも達人と呼ばれる人たちの動きを真似してみることから始めるのです。やがては、その人たちができたことができるようになっていくわけですね。

こんな簡単なことなんです。

良い医者になりたければ、見習いの時に良い医者の技術を学びに行く。それで練習するわけです。

ピアニスト見習いならば一流のピアニストのテクニックを再現して見せる。

さらにその道の第一人者になりたければ、それをちょっと発展させればいいのです。同じ人間のやっていることですから、できないことはありません。

私のゲーマー時代の場合だとトッププレイヤーとの出会いが一番大きかったですね。

それは衝撃的だったし、とても混乱したし、ストレスすら感じることではありましたが、そのトッププレイヤーの動きを真似して再現できるようになると自分もトッププレイヤーになっていたのです。さらにアレンジを加えて発展させると、そのトッププレイヤーを倒して世界最高のプレイヤーに上りつめることができました。

武道ならば、具体的に上達するのは簡単です。

上達とは何なのかというと、達人のレベルに達することですよね。ならば、達人の動きを成さしめるものは何なのかということが分かればいいんですよね。

意拳の創始者、王向斉《おうこうさい》という中国拳法の達人は、彼がどんな「練習」をしていたのかがキーワードになると思ったのです。

そこで弟子の証言を過去の文献から論文まで調べ上げることから始めました。彼のレベルに到達するには、彼が「やっていたこと」や「重視したこと」をする必要があると思ったんです。

前述したように、「站椿功」がいいということが分かりました。

それで站椿をやり込んで、何が身体に起こるのかを試してみる。身体が統一されている。気が満ち満ちている。站椿をすると起きる、そういう体の変化をつかむ。その変化を相手にぶつけてみるわけです。

そうすると相手が簡単に崩れたりするわけで、次々と技を発見していくことができますよね。

（逆に何も有効でない場合はスルーして、トライ&エラーを重ねていくわけです。有効な場合はその感覚が技となり、有効でない場合はスルーして他を探したり、後で発展して使える場合は使い、そうでない場合は基本的には捨てていくわけです。）

強い人が何をしていたのか、どんな練習をしていたのかを調べて、それを自分もやってみる。その練習方法から発見を重ねて、実際の術理を抜き出していくわけですね。

「上手い人の真似をする」

こういう上達のアプローチの仕方があります。

私はまず達人の「練習」を真似しただけでした。これが一番簡単で、これが一番効果的な方法なんですよね。

なんでもそうなのですが、その道のプロがいらっしゃいますよね。将棋なら将棋、スポーツなら、スポーツ、医者なら医者、その人たちの優れた点を習得していくことなのです。

どうやって上手くなったのかを調べる。将棋なら藤井聡太さんがいらっしゃいますが、詰将棋がものすごく強い。いつも暇さえあれば詰将棋の問題を解いている、と言います。

ならば自分も詰将棋を研究して、やり込んで、強くなるか試してみるわけですね。それで将棋が強くなれば、「これだ」ということが分かります。

それが「道」となっていきます。

そして、さらに進むと、自分で道を切り開いていくという世界があります。

自分がそういったことを体現できるようになると、今度は何が課題なのかということがわかってきます。

あるいは、自分で自分にクリアしたい課題を出していくわけですね。完璧な人はどこの世界にもいないわけですから、達人と言えども完全ではありません。ある場面では勝てても、ある場面では負けてしまうということがありえるわけです。

自分が同じレベルに達すると、その弱点がわかるのでそこから修正するか、閃きを加えるか、あるいは引き算するか、どちらにしても改良を加えていけばいいのです。そうすると、誰よりもその道で優れた存在となることができます。

さて、具体的に技を発展させていくには何をしていたのかということですよね。

一番簡単なのは、思いついたことを一つひとつ試していくのです。

組み合わせたり、新しい発想を他の分野から取り入れたり、突然の閃きですら役に立つことがありました。もちろん、相性関係のようなものがありまして、火と水を組み合わせても相殺してしまう、ということもあります。

たまたまこういう組み合わせがうまくいって、相乗効果で大きな力を生んだだけで、そうではない場合は両方の技の良さが消されて何も起きないということもあります。

こういうのは遊びのようなところもありまして、試行錯誤の楽しさがあります。試していくこと自体が楽しいわけです。

これとこれを組み合わせたりしたら、どうだろう？　こういうのをやってみたら、どうだろう？

そういうやり方で新しい道を切り開いていく楽しさは計り知れません。結局、遊び心なんですよね。ゲームの延長線上です。

昔からある言葉がありますが、それは本当だと思いますね。好きこそ物の上手なれ、という言葉です。

さらに好きよりも上のものがあると言います。

知っている者は好んでやっている者に勝てず、好んでやっている者は楽しんでいる者には勝てないという。

課題から見つけていく方法もあります。

一番簡単なのは、試合をすれば分かります。試合ではなくても約束組手の場面でもわかりますが、初歩的なことは「攻撃が当たらない」という課題が出てくるわけですよね。

それをどうやって解決したものか、と考える。調べる。そして、解決している人の動きを参考にして自分もやってみるのです。

疑問（課題）に対する答えを探していく。

ここはひとつ、面白い命題に取り組んだ時の話を具体的にしましょう。

組手（試合）をすると、起きてくる問題があります。

ぱっと自分が前に出ると相手はバックステップを踏んだり、カウンターを打ってきたり、何にしても不利な状況が発生してくることがあったのです。

「相手にバックステップを踏まれたくないなぁ」

と、ふと思ったのです。

バックステップを踏まれると攻撃が空振りしてしまうわけですから、試合を有利に進められません。

普通の人は仕方がないと考えて、無理やり攻撃を加えたり、消極的な手を考えたりするのかもしれませんが、私はこれを解決したいと思った。

それで達人の動きを真似してみる。過去の文献を調べて、歩法を見つけ出してみる。

そうすると柳生新陰流や古流剣術には、ノーモーションの踏み込み方法がありまして、それを見つけ出したのです。倒れるように一拍子で出るだけの話です。

そうすると、相手は浮き上がって下がろうとするわけですが間に合わない。

これだけでもバックステップを防ぐことができるようになるわけです。バシバシと入ってこちらが突くことができますよね。

(この話は、上手い人の真似をする＝古の達人に倣うということです。)

それでも私は、もうちょっと発展させたいなと思ったんです。

確かに相手のバックステップは遅れるようになった。こちらが入って突くことができる。

それでも突いてる最中に相手は反応したり、ガードしようと思ったら遅れながらガードができるわけで、もっと下がれない技はないかと思ったんですよね。

そうして調べ上げると、空手の達人で「間に入る」ということをやってる方がいらっしゃいました。

間に入られると、相手はその場で動けないというのです。

これは不思議な技だと思って、その空手の達人の書籍を読み漁り、三戦という空手の形にそういう技法があるということがわかったのです。

それで三戦という空手の形をやり込んで、実際にできるようになりました。前述したように、吸う呼吸を見つけたわけですね。

相手が下がろうとしたら、こちらは息を大きく吸い込みます。そのときに息だけではなく、相手の体の中にある気も引き抜きます。そうすると、相手はその場に居着いてしまって動けなくなるんですね。

一拍子で踏み込み、吸う呼吸で相手の体の気を抜き取ってしまう。

この術理を同時にやると、その場に相手を居着させて、一方的に突けるという状態を作り出せるのです。自分で考えた「バックステップを踏ませない」という課題をクリアしたことで、生まれてきた現象なんです。こういう上達の仕方もありますよね。

課題を決める↓課題をクリアしている人（方法）を見つける↓その方法を調べ上げる↓再現する。

さらにアレンジを加えて、相手の背面に気をぶつけて後ろに下がらせないという方法も編み出しました。そういうアレンジは原理原則を理解していれば、いくらでも加えることができて、新しい技は体と心と気の本質を理解しているといくらでも編み出すことができるのです。

例えば、打撃力を上げたければ打撃力の高い人を見ればいいんですよね。

でも、参考にならない場合もある。

マイク・タイソンを真似したって、誰もマイク・タイソンのパンチ力にはなりません。図体がでかくないといけないし、あんな黒人のようにムキムキにはなかなかなれませんし、なったとしても何か違う筋肉を使っているわけですから。

打撃力が高い人、その中でも再現できそうな人。

つまり、練習方法を確立している人を見つけ出して、その人から教えを受ける。直接習えない場合は書籍を調べ上げる。有効な情報があればやってみる。やっても無理なら他を探す。

流派によっては「形」があったり、独特の練習方法があったりします。

「なんか知らないけどできる」というような天才は捨て置いて、その術理をしっかりと体現し、何よりも理解している方で、再現性をもって教えている人を探すわけです。

どれがどれを実現しているのかをちゃんと調べて、自分も試しにやってみるんですよね。その試していく過程が楽しく、それを見つけていくのが探究の醍醐味なのです。この繰り返しによって見つけ出すわけです。

いきなり私もクリアしたかのように書いていますが、数百通り試して、そのほとんどはダメで、そのうち成功したものを書いているからぱっと上手くいったかのように見えているわけです。

その結論に至るまでに幾度も回り道をしているわけですよね。ただ試行錯誤のスピードが早いから結果として、すぐに辿り着いたように見えるわけです。遊んでやっているから重さがなく、色々と試しても疲れることがありません。

何事も楽しんでやっているものにはかないませんね。なので人は自分の興味のあることや好きなことをやっていくほうが効果的で早いんですよね。

具体的にどうやって上達するのかという話、お分かりいただけたでしょうか。練習方法を確立することができれば、誰でも簡単に上達することができます。繰り返しますが、私の場合それは達人のやっていた「練習」です。

さらに上達したい場合は自分でクリアしたい課題を設けて、いろいろと試しにやっていくことなのです。

自分が最初に何を望むのか、ということがまず大切ですね。

本当はこんな簡単なことなのです。

しかし、それを実際にやろうと思うと、本当に興味のあることや好きなこと、楽しめる分野じゃないと続かないのかもしれませんね。

私が本当に望んだのは、心を見つけること。

そのためにこそ、まずは強くなることを第一に掲げ、武道の達人に近づいていくことを目指したわけですよね。

8 普段どんな練習をしていたのか（練習内容が大切という話）

私の練習方法を知れば、まったく同じことができるようになれると思います。同じ目的を持って同じ練習をすれば、結局同じ事ができるようになるんです。私の能力はほぼ後天的なものですから練習によって身についたものなんです。体感さえつかめれば、誰でもできるようになります。

同じ人間がやっていることですからね。私個人や他の人も含めて、特別なことは何もないのです。

ある人が自分は「特別な人間だ」と錯覚するのはただ無知なだけで、その原理が理解できると誰でも再現できるようになります。

その原理が分からないから「才能だ」「特別だ」と勘違いしてしまうんですよね。

術理について理解すればするほど驕《おご》りようがなくなります。これは「すべての人が持っている可能性だ」という理解に至ります。

どんな達人がやっていることでもちゃんと理解してやれば、誰でもできるようになると思っています。

私の練習ですが、初期の頃の練習内容と、後期の頃の練習内容、そして、現在の練習内容は全く違うものです。時期によって課題（大枠は同じでも）も内容も全然違うので、初期から後期、さらには現在の練習方法まで余すことなくお教えしましょう。できるだけ分かりやすく、抜けがないように書いたほうが皆さんも私の発見した術理をできるようになるかもしれません。

通常、武道は修練方法を隠すものなのです。一般に公開されることはありません。それはなぜかというと、技を盗まれてしまうからですね。弟子に簡単に達人になられてしまうと、戦国時代なら下剋上ですから師匠と言えども弟子に負けてしまうことがありました（実際に戦国時代どころか平和な江戸時代にすらそういう出来事はあった）。現代でも商売あがったりだ、というわけです。難しく教えたほうがずっと優位でいられるわけですよね。

そういう考えからちゃんと教えない人がいるのかもしれません。

ところが、私はそういう考えや性格はまったく持っておりません。すべての人に素晴らしい可能性があるということ、それが私の基本的な考えで、誰か特定の個人や達人をもてはやすようなことを良しとしないところがあります。

むしろ、できる限り分かりやすく皆さんにすべてをオープンにしたいと思っています。

どんな形でもあらゆる人の役に立つようにお教えしたいと思っています。

そこで私の練習内容を丁寧に書きたいと思います。

武道書でありながら「隠し」がない。これは今までの古今東西のあらゆる武道書にはなかった画期的なことだとご理解くだされば幸いです。

私はゲーマーでもあったので、まるでゲームのように形にならないものを形にし、分かりづらいものを分かりやすくしてお教えします。

これから書く練習内容と当時使えた技一覧は二つで一組になっていまして、その二つに相関関係があることがお分かりいただけると思います。

結局、練習の質と量なんです。練習内容が良ければ良いほどに、その人は上達するに決まっています。上達したければ、いかなる練習をするのかということを考え抜いたほうがいいと思います。実力は練習で決まるわけですから。練習が大切だということは、あらゆる分野に言えることですよね。

当時の私の練習内容とそのときに使える技一覧をお見せしますので、ぜひ一つの例として参考にしてください。

◉最初期の頃の練習内容（空手を習い直し始めてから半年までの期間）

伝統派空手（糸東流）の道場の練習　週に2回1時間半

・技一覧

二拍子の動き　逆八の字立ち（レの字立ち）　伝統派空手の正拳突き　伝統派空手の前蹴り

伝統派空手の回し蹴り

〈解説〉

半年ぐらいまでの頃は本当に筋肉痛が辛くて、研究どころではなかったですね。すべての動きが二拍子で、ひたすら他の道場生に勝てないという状態が続きました。

正拳突きの威力もなく、いくら攻撃してもなかなか当たらないし、仮に当てることができてもまったく相手に効かない。あらゆる能力が低かったですね。

相手からしたらノソっと突いてきて、効かない攻撃をする白帯がいるという状態だったでしょう。これではまずいということで、新たな研究に取り組んでいくのです。

◉初期の練習内容（空手を始めて半年から11か月ぐらいまでの期間）

伝統派空手（糸東流）の道場の練習　週に2回1時間半
空手の基本の動き（下段払い、四股足立ち、猫足立ち）　日によって自主的に15分やる
無足の法　毎日30分　剣術形　毎日1時間～3時間
壁打ち　毎日15分　ミット打ち　毎日10分　試し研究　毎日30分
（一日の合計練習時間は2、3時間ぐらいでした）

・技一覧
一拍子の動き（ノーモーション）　逆T字立ち　避けづらい前蹴り　重い正拳突き
夫婦手（全身一致の原理の発見）　5人押し

〈解説〉

この頃になってくると、違う練習方法が入ってきていますね。意識をがらっと変えまして、伝統派空手だけではなく古流剣術などの研究が入ってきています。また週2回の道場の練習だけではなく、毎日の自主練習が増えていることがお分かりいただけると思います。

小さい頃に兄の影響で触れることがあった月刊秘伝という武道雑誌に登場される達人の方の書籍を拝見させていただきまして、自主的にいろいろな達人の動きを見ていって、達人の練習法を取り入れよう

としていたわけです。

特に最初は駒川改心流《こまがわかいしんりゅう》という素晴らしい剣術を研究しまして、映像や書籍をよく調べました。その流派の先生がおっしゃっている上泉伊勢守（新陰流の流祖）の一刀両断の法の形を研究していました。研究したと言っても、最初の2つの体の切り返しのみ。正面に切るときに体を返して、受け流すときにまた反対に体を返すだけです。たったの2つだけの動きですね。

やり込めばやり込むほどに徐々に切り返しが早くなって、無駄がなくなっていったわけですね。あくまでもたった2つの体の切り返しに練習を絞ったことで、その2つだけグッと上手くなったんですよね。

およそ3週間ほどひたすら体を2回切り返すことばかり。

古流剣術の達人の方は、素晴らしいほどに早い動きをされていまして、その動きを観察するにつれて、色々なことが分かっていきました。

何が良かったか、結論から言うと古流剣術の達人の動きから一拍子の動きを発見したことですね。そこから進めて、すべての動きに一拍子の考え方を応用していき、あらゆる打撃が当たるようになりました。すべての動きから予備動作を消していこうと考えて、練習していましたね。

目的はそれだけで、実にシンプルだったのです。

習った空手の先生が良かったおかげで、この時期に空手の下段払いから夫婦手《メオトーデ》という空手の奥義を発見して、体の統一の仕方を見つけ出しました。

そこから研究を進めて分かったことですが、古流剣術の形にも空手の下段払いにも体内を連動させて一致させる原理が存在しているのです。

どういったやり方でもいいのですが、体を統一すると強いということが分かりました。一拍子の動きを突き詰めていくと体が揃っていきまして、体を統一的に使うことができるのです。それで5人の人間を電車ごっこにして耐えてもらうのですが、この時点で押せるようになっていましたね。

全身一致（統一した体）と言いましてもまったく難しいことは無く、正座で背筋を正して一礼するだけでも人は統一された体になるのです。身体がピーンという通った感覚ですね。

背筋から手先まで一本の棒のように通った感覚がありまして、すーっと張った感覚とも言い換えられますが、そういう感覚を様々な武道の「形」から見つけ出して、その体が統一できた状態で動くと、技があらゆる面で効くようになっていきました。

予備動作をなくしていくことで正拳突きも当たるようになりました。

また、古流剣術の形（2回の体の切り返し）のおかげで体を高速で切り返せるようになったのですが、それを応用して足を上げると前蹴りが相手にとって避けづらいものになりました。とても蹴りが早いものになったのです。

また全身を一致させて突くと、突きの威力が向上しました。ぐっと突いただけで相手が怯んで、引き下がるようになってきました。

猫足立ちという空手の姿勢があるのですが、猫のようにつま先立ちで立って開掌で構えるのです。そして、腰をすこし低く落とします。この空手の立ち方でも体が統一されるのですが、効果はそれだけではありません。

裏太ももが圧縮される感覚を見つけ出しまして、どうしたらこの裏太ももの力を伝えられるのかを考

猫足立ちで養われる“統一感”と“裏太もも”

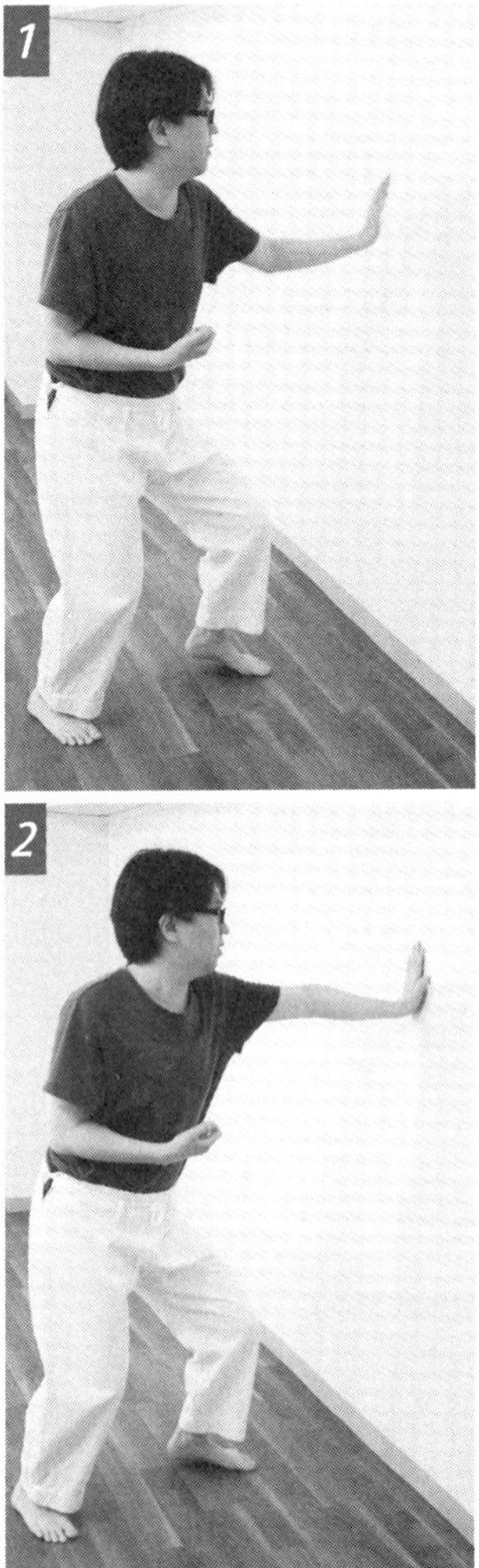

猫足立ちから壁打ち。体が統一されていないと、当たり負けして体が崩れる。

猫足立ちによって稼働する裏太ももの力を突きに活かすと、非常に重い力が相手に伝わるようになる。

えながら壁打ちを試すように繰り返すことで、裏太ももの力を生かす重い突きが打てるようになっていきました。

壁打ちにしてもミット打ちにしても、動きが効果的かどうか確かめるものでして、言わば検証ですよね。統一されていないと壁に当たり負けして自分が崩れてしまいます。ちゃんと体が統一されていると、壁を押しても体が崩れないということがあります。

猫足立ちで裏太ももが使える状態で壁を一気に押すと、力がずーんと伝わるんですよね。これで相手を突けば、軽くですが突き飛ばされるように後ろに下がるようになります。

さらに古流剣術や古伝空手の立ち方である逆T字立ちをするだけで、相手を簡単に突き崩せるようになってきました。

練習内容を見れば、まさに全身を一致させたり、一拍子で動いたりするものが多いことがわかります。技の発見と練習内容は比例するかのように相関しているんですね。

●後期の練習内容（空手を始めて1年〜2年半ぐらいの期間）

伝統派空手（糸東流）の道場の練習　週に2回1時間半　壁打ち　防具打ち　下段払い

柳生新陰流の立ち方と出入り　柳生新陰流の合し打ち（一刀両断）　震脚

三戦（糸東流、剛柔流、心道流。上地流はあくまで研究のみ）　站椿功　天真五相

古伝を含めた全ての独自研究

（練習時間は毎日合計10時間以上。日によってすべての時間の比率が変動）

・技一覧

無拍子　逆T字立ち（古流剣術の立ち方）　予告前蹴り（予告されても避けられない蹴り）

古伝の突き　当破　ゼロ距離打撃　夫婦手（間の無い高速の連続突き）

半歩稼ぐ（ノーモーションの踏み込み）　10人押し　波雲返し　震脚（↓発展して雲を踏む）

柳生新陰流の一刀両断

水月移写（正面の攻撃に最速の反応を可能にする。背面の攻撃を回避可能に）

気弾（正面から気の塊をぶつけて前ステップを封殺）

気の剣（背面から気の剣を切りつけてバックステップを封殺）

吸う呼吸（相手の気を吸い上げてその場の動きを封殺。腑抜けにする）

空の手（空手の形が達し得る最高到達点）

感謝の正拳

〈解説〉

練習内容を見て頂ければ分かると思いますが、練習によって使える技も増えています。これらの練習内容はすべて基本です。

空手の基本である三戦、柳生新陰流の基本である合し打ちの一刀両断、意拳の基本である站椿功、その他の流派の基本にして奥義と呼ばれるものに取り組んでいました。

練習内容が充実し、練習時間も10時間以上になりまして、練習の量と質に比例して当然のことながら技の量と質も変わってきていますよね。ただ、一見すると大量の技を使えるように見えますが、実は大したことがなくて、ほぼ打撃系の技なのです。

大別すると、およそ3つ。

打撃力を向上させる技術、打撃を当てるための技術、打撃を優位に進めるための間合いを制す技術。

ほぼ打撃のための技術なんですよね。

分かりやすく、3つにカテゴライズします。

①打撃力を向上させるための技術
古伝の突き　当破　ゼロ距離打撃　震脚（↓発展して雲を踏む）　柳生新陰流の一刀両断

②打撃を当てるための技術（相手に反応させない技術）
無拍子　半歩稼ぐ（ノーモーションの踏み込み）　夫婦手（間の無い高速の連続突き）
予告前蹴り（予告されても避けられない蹴り）　空の手（空手の形が達し得る最高到達点）

③打撃を優位に進めるための間合いを制す技術
水月移写（正面の攻撃に最速の反応を可能にする。背面の攻撃を回避可能に）
気弾（正面から気の塊をぶつけて前ステップを封殺）
気の剣（背面から気の剣を切りつけてバックステップを封殺）
吸う呼吸（相手の気を吸い上げてその場の動きを封殺。腑抜けにする）

①の打撃力を向上させる技術を深めていくと、当てれば相手を倒すことができるようになります。

②の打撃を当てる技術を深めていくと、相手に反応させずに一方的に打撃を当てられるようになります。

③の間合いを制す技術を深めていくと、打撃に至るまでの間合いの制し合いを有利に進めることができます。

すべて打撃のためのものなんですよね。大別すれば、大したことはないですよね。相手をただ打つためだけの技術に過ぎず、その派生でいろいろと見つけていっただけなんです。ゲームに例えると攻撃力、素早さ、命中率に特化している内容ですね。

すべての技の内容を説明すると長くなるので、どの技がどの練習で習得できたのか、その中でも本書で前述していないものをひとつひとつ説明していきましょう。

練習が大切なことがきっと分かっていただけると思います。

・無拍子

無拍子とは「より拍子を無くしただけ」です。

一拍子の発展系に過ぎず、できるだけ体を統一して使っているだけの事なんですよね。

何も難しいことはなく、予備動作があるかどうかを鏡でチェックしながら突いたり、蹴ったりして、無駄があればそれを省いていく。統一していくというだけで、十分に誰でもできるようになります。一拍子だと相手の手首で反応されない程度ですが、無拍子だと相手の指先でも反応されなくなります。

体内の感覚に集中して、関節一つひとつを感じ取りながら、筋肉一つひとつの連なりを感じながら、どこかが突出しないように丁寧に突く練習をするんですよね。そういうシンプルな練習をすると拍子が無くなるということです。

通常の人が一つの動きで関節をばらばらに10個ぐらい使うのに対して、3か4でまとめるようにすると一拍子になるという話があります。手首や肘を動かさないという技法が柳生新陰流にはありますが、そのことを差していますね。

仮に動かすにしてもすべて合わせるようにするだけのことです。それを発展させて、2か1に合わせるように使うと無拍子になっていくんですよね。

とてもシンプルな原理だと思います。

・ゼロ距離打撃

これはゼロ距離の打撃、つまり手が相手の身体に触れている状態でやる打撃のことですね。

ブルース・リーがワンインチパンチというのをやっていたことをご存知でしょうか。

ワンインチ（およそ2・5センチ）の近距離から相手を突き飛ばすという打撃技です。

そのワンインチの技をさらに進めて、完全に手が接地した状態（ゼロ距離）で効かせる打撃なのです。

どうやって習得したかというと、それは壁打ちと震脚の練習でした。壁に対して手の平を密着させて、足を踏みしめる力をそのまま手先に乗せる練習です。

身体をしならせるようにぶつけたり、連動させるようにぶつけたり、一気にぶつけたり、いろいろと試したりしながらどれが一番強いのかを探して、こういう打撃が打てるようになりました。

ゼロ距離打撃

接触した状態から瞬発的に効かせる“ゼロ距離打撃”。足を踏みしめる力をそのまま手先に乗せる。全身一致の体も不可欠。

一番威力が高かったのは、足裏から波打つように手の先にまで力を流して打ち込むやり方です。「波打つ突き」と名付けています。

それが今のところはゼロ距離打撃の中で威力が高いと思っています。

当てるまでの距離が長いほど打撃力が上がるという発想がありますが、それを逆手にとりまして手を近づけた状態でも相手を倒せるようになれれば、案外打撃というものは簡単に当てたり、効かせたりできるようになりますね。

この技術は、打撃の内容を刷新してしまうわけです。

ボクサーが、近い距離のときは手を引いたりするわけですが、この技が使えるようになると相手にクリンチしてから手を押し当てて倒すことも可能になります。

クリンチしたら勝ち、という通常ならありえない戦い方が可能になるわけですね。でも、それはもはやボクシングではないので、この技術が必要があるかどうかは別かもしれませんね。

・予告前蹴り（予告されても避けられない蹴り）

これは説明の通り予告してから前蹴りを打っても避けられないという技です。ノーモーションの蹴りだと思っていただければ十分です。

江上空手という実験的な空手が熱心に研究されていた時に生徒に使える方がいらっしゃったそうで、試しに自分もやってみるかと思ってやってみたんですよね。

簡単に言うと、ここを蹴るから払うなり、下がるなり、反応してほしいということをあらかじめ予告

予告前蹴り

あらかじめどこを蹴ると相手に知らせておいてから、蹴る。一拍子、無拍子の動きができるようになると、相手は予告があっても反応できない。

します。それで払えるか、下がれるか、というものをやるだけのことです。相手が蹴りに反応できなければ成功。反応されたら失敗ということです。予告しているわけですから、だいたい反応されてしまうわけです。

蹴りでやるのはかなりモーションをなくさないと難しいかもしれませんね。しかし、一拍子の動き、無拍子の動き、というものを研究するには良い実験になります。

予告前蹴りとは、結局モーションをなくしているだけのことなんですよね。モーションがないから予告しているのに避けられないのです。

蹴り方は簡単で、従来の空手の通りに膝を上げてから蹴るのではなく、膝を上げながら足先も同時に蹴り出すのです。

・吸う呼吸、気弾、気の剣

ほぼすべて三戦で、気と息の関係を発見したことで生まれてきた技です。吸う呼吸で相手の気を抜き取って、間合いに入っていく。

三戦には吸いながら手を引く動作があるのですが、そのときに気も吸い上げることができることに気づくことができます。その応用で、相手の気を吸い上げるわけです。

気弾は、圧縮した気をぶつけて相手の出足を止めることができます。

三戦自体に「はっ」という吐息と共に気を圧縮する作用があります。その応用ですよね。三戦で体内の気を圧縮していって、それを吐く息で相手にぶつけるようにすればいいだけです。

気の剣は、背面から気の剣のイメージを切りつけて、バックステップを封じるという技です。

独自研究の時に古流剣術から発想した技です。白井亭という江戸時代後期の剣士が気の輪を使って相手を止めるという技を使っていたという文献を読みまして、自分も何かやってみるかということで作ったものです。

どれもこれも、まず三戦があって、そこから気を見つけて、息で気をコントロールし、それを応用しただけなんですよね。気をコントロール下に置けば誰でもできることだと思っています。

この技のすべてのポイントは、まず三戦ですね。

三戦ができるようになり、その内実が分かるようになると、さらっと発想するだけでもいくらでも技を生み出していくことができますよね。

・空の手（空手の形が達し得る最高到達点）

空手の形から抜き出せた最高クラスの技術で、吸う呼吸の発展系ですね。

空《くう》の手《て》という読み方をします。

名前は私が勝手に付けただけで、この技自体は本来の空手の中に存在している精髄です。誰もそれについて名前をつけていないから自分が付けたわけです。

その名の通り、「手を空にして突く」だけのことなんですよね。そうすると、ゆっくり突いているのに相手が反応できないという技です。

人が空手を極めることによって到達できるとしたら、ここだろうと感じるものがありました。

三戦という形から抜き出した技術です。

吸う呼吸、吐く呼吸で、体の気が出入りするということが分かってきたので、その吸う呼吸の時に気の出入りが収まる瞬間を見つけたのです。その状態で突くと相手が反応できないということがありました。呼吸が収まることで、気の流れが無くなり、察知不能になって、相手をそのまま突けるというものです。ただそれは究極の使い方で、実際の攻防で使う場合は吸う呼吸によって相手の気を抜き取りながら突くことになります。

相手の手先どころか頭の気まで一気に引き抜きながら突く。そうすると一瞬だけ相手の反応が遅れてしまうので、気づいたら突かれているという不思議な現象が起こるのです。それは突きの一つの理想ですよね。

この技術は、単にモーションがないから反応できない次元を超えています。相手の認識能力を一瞬だけ落としてしまうといったものでして、通常はできないものだと思います。これほど優れた技術が古伝の空手の形には内包されていたということです。

三戦の形を徹底的に研究したことで見つけたものですね。どんな練習をして見つけたのかというと、およそ4つの流派の三戦（糸東流、剛柔流、心道流、上地流）をすべて打てるようになったうえで、その中でも剛柔流や心道流の三戦を積極的にやり込むことで発見しました。

もちろん、糸東流の三戦でも見つけることができる技術なので、三戦の呼吸の体感をよく感じ取るようにし、研究すればいいんです。

私が習っていた空手の流派は糸東流なのですが、剛柔流の三戦は映像をぱっと見ただけですぐに体得することができました。流祖同士が知り合いだったので、ほぼ同じだったんですよね。わずかに違う点は、動きのキレのみ。糸東流の方がわずかに早く、剛柔流の方がゆるやか。

上地流の三戦は開掌で行われるもので、さらに加えてとても早かったですね。

実戦的ではありますが、あまりのスピードのために呼吸の流れをじっくりと観察するには難しいものがありました（上級者向け）。形自体は本来の三戦（中国源流のもの）に近く、とても素晴らしいものがあります。

開掌のほうが見つけやすい術理があります。手先と肩甲骨の筋肉との統一感覚が簡単につかめます。

4つの流派の三戦を研究して分かったことは、呼吸が要だということ。その共通点から一番ゆっくりで取り組みやすい剛柔流や心道流の三戦を行い、体の統一と呼吸から気と息の関係を見つけ出しましたね。

結論から言うと、この4つの流派の三戦ならすべて例外なく「空の手」という奥義を見つけ出すことは可能です。やりやすさが違うだけです。

上地流が発見の難易度が高いというだけで、他の3つの流派の三戦ならどれでも丁寧にやれば比較的短期間で見つけ出せます。気と息の関係に集中してやっていただければ見つけることができると思います。

人間の可能性が無限、というのは、私は実感的に感じています。自己を開発すれば開発するほど、尽きることのない無限の湧水のようにあらゆる技が実現可能になっていきます。

その経験を積み重ねるたびに、新しい可能性に気づくわけですよね。

それでもまだまだ自己の内面には宇宙のように開発する余地が広がっているのを感じています。

本当に人は無限の可能性を持っているんですよね。

◉現在の練習内容（空手を始めてから8年目、転神流を創始してから5年目）

站椿功　研究（一日30分から日によっては半日やることもあり）

・技一覧

なし

〈解説〉

道場の練習にもあまり行かなくなりました。技が「なし」ということはどういうことかというと、正確には技が必要ないというべきでしょうか。

動けば即技になるという言葉がありますが、それに近い感覚です。すでに、技らしい技はいらないと感じています。人間本来の力を発揮すれば十分で、その人の100パーセントの力を引き出しさえすればいい。投げたければそのまま投げればいいし、特に考えずに突けば打ち抜けるという状態が理想だと思っています。

試合にしてもやってみて頂ければ分かりますが、あの技を使おうとか考えている暇がありません。すべては一瞬の出来事でして、思うままに動いたらそのまま勝てるというのが理想ですよね。

その方があらゆる面で断然に早いのです。

站椿功をすれば体が統一されて、気が満ち満ちた状態になるので、その状態で出て対処すれば勝ててしまう。

かつてよりも確かに使える技が減りましたが、技がいっぱいあればいいということではありませんよね（練習し直せば、今でもほぼすべての技を再現することができるようになるでしょうけれど）。

素直に動いて、素直に勝つ。今となっては、その方が強いというのを感じています。

あれこれと複雑な技を使おうとしているよりも、極限までシンプルな動きで出た方が実質的に強いということを直観しています。

あらゆる技を試した結果、そのまま動くことを心がけるだけで良いという考えに至りました。

今は站樁功と（それすらあやういですが）、「ふらっと思いついたことを試してみる」ということが練習内容になっています。基本的に体が統一されていれば十分なんですね。

今や本当にやっていることは自分の体内を感じ取って、自分を素直に表現すること。体感をひたすら上げていくという、ものすごく基本的かつシンプルな練習を行っています。

具体的には指先を感じ取ったり、足先を感じ取ったり、心臓の鼓動を意識したり、細胞一つひとつの脈動を感じ取ったり、それは站樁功という形を取るわけですが、決してそれに限らず、自分の体内にある宇宙に気づいていくことを積み重ねているわけです。その気づきのレベルそのものが動きとなる。

気づいたままに動けば効いてしまう。相手よりも自分のほうが体内について気づいているのならば、どんな局面でも素直に動いて勝ててしまうのです。それは、もはや技とは呼べない。素直な動きそのものに純化されているわけです。

しかし、最初は理解をもって技を追求していくべきで、その方が人は分かりやすく取り組みやすいわけです。

そして、何よりも技の再現性があると誰もが学べますし、その人自身も自分で再現できるわけですから、好不調というものがなくなります。ちゃんと理解していれば技を忘れてしまうということがありません。

武道の形を本当に理解していれば、いつでも形から技の術理を抜き出して再現できるようになります。結果として、ある日突然にできなくなるということがないわけです。スポーツ選手のようにコンディションが悪いからできないということがなくなりますよね。

武道家がある日調子が悪いから、戦場で負けるということがあってはならないのです。命が掛かるという切実な問題に取り組むためにも、武道には形が存在しているのだとも思っています。(形は姿勢を作り、コンディションの安定をもたらします。技のセーブポイントのようなものとして機能するのです)

理解を進めれば進めるほど良いと思っています。

基本的に今はいろいろな形や動きを試したり、思いついたことを試したり、そういう研究を楽しんでいます。

すべての話をまとめると、練習内容によって人はガラっと変わってしまうんですよね。練習時間がいくら多くても、練習内容が良くなければなりませんよね。

今、何を練習しているか、どんな練習をしてきたかで、大体その人の実力というものが分かります。練習の質と量が大切です。自分でやりたい練習を設定する。人から与えられた練習はしない。

これが私の基本スタンスで、ちゃんと練習の意味や目的を理解したうえで試すように取り組んでいました。

9 本当の強さというものは、その人の言動や考え方で決まる（武の真髄）

どうか、この話は武の真髄について触れているものとして聞いてください。決して、教訓のようなものから話しているわけでありません。また、どこかの道徳書から引き出されたものでもありません。あくまでもこれは武道の検証によって確かめられた事実から来ているものです。人は実は「何を考えているのか」で強さが決まってしまうのです。体の強さが普段、その人が考えていることで決まるのです。そんなことがあるのか、と思われるかもしれません。しかし、本当にそんなことがあるんですよね。その人の心に真が満たされているのならば、その人は達人のような技をすぐに使うことができます。逆に嘘ばかりついていると、信じられないぐらいに人は弱くなってしまうのです。

これは実際に人を押してもらうという実験ですぐに分かってしまいます。

◉真実の心の検証方法

1+1=2と本当のことを言って、体の横から人に押されてみて下さい。そうすると普通に耐えられるんですよね。

しかし、1+1=3と言ってください。事実とは異なる発言をあえてして、嘘をついてみるわけです。

それで押されると、驚くことに人は軽く押されてしまうのです。

人は嘘をつくと、重心が浮き上がるんです。

肩がわずかに上がってしまい、体の重心がふっと浮いてしまう。それが様々な検証から分かってしまったんです。

嘘をついたときに、自分でも違和感のようなことを覚えることはありませんか。

何か、気分の良くない感じがするというべきでしょうか。体の奥がずれている感覚というべきでしょうか。その違和感が体の状態を変えてしまうのです。

結果として体の重心を浮かせてしまい、その人から潜在的に落ち着きを奪ってしまうのです。

この落ち着きを奪ってしまう現象、いわばソワソワしてしまうということですが、これが重心が浮いている状態なのです。こうなると人はとても弱くなります。

どんな技も使えなくなり、突いても力弱く、投げても投げ返されてしまうようになります。

女性はこの変な感じから男性の嘘を見抜いてしまうわけですね。

逆に人は真実を語っているとき、安心感のようなものを抱きます。あるいは落ち着きのようなものが出てくるわけですね。そのときに体で何が起きているかというと肩の力が良い具合に抜け、沈み、体内の重心が落ちていっているのです。

真実を話すと、しっくりくるという感覚が出てきます。これは強いのです。この感覚が出てくると体が統一されてきます。

重心が落ちた状態ならば耐えることができるのです。人を押すこともできるのです。

普段の言動から真実を話し、嘘をなくしていくだけでもその人は強くなるのです。

それだけではありません。例えば、その人が愚痴を語っているときはとても弱くなります。愚痴れば愚痴るほど、体の関節がわずかにずれるんですよね。そのときに体が統一されていない状態になります。

人がお酒を飲んで愚痴っているときに（仮にお酒を飲んでいなくても）、その人が肩や姿勢をだらけさせていることはよくありますよね。そのときに立ってもらって押すと、信じられないぐらいに弱いんです。

言動だけではなく、心の中に思っていることも影響します。決して言葉に出さなくとも心の中が不平不満に満ちていると姿勢が悪くなり、どんどんと弱くなっていきます。さらに真実を語るだけではなく、その人が感謝の気持ちを抱いていると、すっと重心が落ちていく。

無駄な力が抜け、体の中が整えられ、関節の位置が正しい状態になり、体が統一されて、達人のような状態になっているのです。

もし、その状態で何人もの人を押すと達人のように押すことができます。

試しに「ありがとう」と両手を合わせて心の中で感謝してから、人を押してみてください。

普段の言動や心の中で考えていることが、その人の体の状態を決めてしまうのです。

心がここまで身体に影響するとなると、その人の考え方や普段発している言葉が心身の強さや健康にすら影響を与えるということは容易に想像することができますよね。

心と身体は繋がっています。

普段から何を考えているのか。何を言っているのか。何をしているのか。それが真であり、感謝であり、愛であるというのならば、その人はとてつもなく強く、それでいて健康的になっていくのです。

考え方で強さが決まる。

これは決して教条的な話ではなく、事実として武道で発見したことですね。武道の達人になるためには、姿勢を正すだけではなく考え方を正すこと。検証を繰り返すにつれて、こういった認識が確信に変わっていくのを感じています。

なぜ、こういった現象が起こるのか。それは誰しもが備えている心と体の関係、そして可能性によるのではないかと思っています。

人の本質は、真実を好んでいる。感謝すれば、人は達人になることもできます。

どういったものに対してもいいので、感謝すること自体に価値があるということですね。こんな不思議な現象を武道の世界で発見しました。

前述したように体の姿勢を正すと、心が正されるということもあります。武道の真価はまさにそこにありまして、姿勢を正していって心を修める。それは決して机上の空論ではなく、実際的に体の状態が変わることで考え方まで正すことができるのです。

私はまさに武道を習う前までは猫背で暗い性格でしたが、武道を通して背筋を正していくにつれて精神的に明るくなり、晴れやかな気分に満たされるようになりました。

心と体は相互関係にあり、どちらからでもお互いにアプローチすることができるんですね。

10 命がけで武道に打ち込んだ理由、上達のための要（動機こそすべて）

私は、多いときでは毎日10時間以上修練に励んでいたのですが、基本的には本当に楽しかった。（正確には24時間夢の中でも修練していたので、あくまでも休みも入れて平均すると10時間ぐらいというだけです。）

燃え上がるような探究心に突き動かされて、毎日毎日修練に励んでいました。根本の動機は一体どこにあったのかと振り返ってみました。

「心」を見つけたかった。

始まりこそ、本当に軽い気持ちで「試したい」という感情に突き動かされて、道場の門を開きました。この技が本当に効くのかなと独学時にやっていたことを試したいと思って、近所の空手の道場を訪ねたわけです。

結果は散々だったのですが、そこから鍛錬に励む日々が始まりました。探究していくにつれて、自分の本当のところが見えてきました。

自分が本当に求めていること、本当に知りたいこと、そういうものが一体何なのか。それこそ、真剣に求めていこうとしていました。

心が知りたかった。

皆さん、「心」というものが脳科学者の一部が言うように「脳の錯覚に過ぎない」としたら、どう思いますか？　心は存在せず、死んだら無になるとしたら。

人生に価値を見出すことが本当の意味でできますか？

この単純な問い。

もしもそうだとしたら、自分は「生きていけない」と思ったんですよね。

その理由はとてつもなく単純で人は「物」に過ぎず、物質こそすべてということになったときに唯物至上主義が真実ということになってしまいます。

物質、物質、物質となったら、どうなるでしょうか。

自己の利益を追求することしか頭になく、物を集めることに終始してしまいます。それで人生が終わってしまいます。そして、最後は無になって何の意味もなくなってしまうということになります。

それでは寂しい人間だけが残ります。その人生に何の価値があるのか。

その答を誰も答えられなかったんですよね。

私が心底、子供の頃から求めた。この単純な問いにすらどんな大人も答えることができなかった。

心というものをおろそかにして、本当のところは生きていけないんですよね。

誠実に、自分の人生について問いかけたことがある人は誰しもが直面する問題だと思います。これを探求する必要があると思ったのです。

知りたかった。

心底、知りたかった。命を賭けてもいいとすら思っていました。

もしも、見つからなかったら人生は価値がないということになってしまいます。ならば、ここですべてを投げ出してもいいと。

感覚としては、何も持たない青年が自分の命を天秤にかけて、燃え上がるような探究心と好奇心に焦がれてしまいそうになりながら、日々を楽しんでいたということですね。命を賭ける覚悟を決めて、武道の修練に励んでいたのです。

しかし、修練が進むにつれて、これは自分個人の探究ではないと気づいたんですよね。これはすべての人たちが知りたいこと。心があるのかどうか、そのことは誰もが知りたいことなんだ、と。誰も分からないから考えようとしていないだけだ、と。この一番大切なことを皆、忘れながら生きている。

なぜ生きて、なぜ死んでいくのか。

自分一人の気づきが、すべての人たちの気づきになる。自分一人が気づけば、全人類が気づくことになる。

このことを皆さんに話すことができると思ったんです。

夏、体中に汗をかきながら、本当に気絶するのではないかというぐらいに打ち込んでいた夏。青春のすべてを捧げ、自己を純化するにつれて、これはすべての人たちのためのものだと感じるようになっていきました。

それは言語化することはできない、魂の奥底から湧き上がってくる動機でした。

武道を通して、「心」を見つけることがすべての人の人生の価値を高めるという気づきに繋がっていたのです。科学万能の、この時代に新たな夜明けが訪れようとしています。それはＡＩの登場によって、技術革新が加速していくことで始まるでしょう。

私は武道の世界から、あえて言いたいのです。

心はある、と。

それは科学が未だに発見していない領域のことであり、あらゆる研究機材を用いても発見することはできないものです。しかし、自分の体を通して、物質を超えた存在を感知できるようになったときにそれはあると確信したんですよね。

かつての剣聖たちが扱っていた心の領域に入り、水月移写という技が使えるようになったときに五感を超えて相手の攻撃を察知できるようになった。これは現代の科学を超えているのです。科学では説明がつかないものです。

今の文明を超えたレベルに江戸時代の剣士たちは達していた。いいえ、すべての人たちに内在している可能性であり、もしも自分の能力を拓くことができれば誰もができるようになることだと思います。

現代科学が説明できないというだけで切って捨てたもの。唯物至上主義（物質こそすべてという考え方）が踏み捨てたものをもう一度古の叡智から拾い上げました。誰にとっても大切なものを見つけたんですよね。

ずっと昔から皆が気付いていたことをもう一度、丁寧に失くさないように再発見しました。何のために修練していたのか。このためだ、と思いました。

心はある。

意志があり、心があり、そうしてあらゆる物を作り出しました。田畑を耕し、家を作り、飛行機を飛ばし、今やＡＩを作ろうとしているその意志は、一人ひとりの中にある心が成さしめているものだと確信しています。

人は感謝していれば、10人の人を押すことができます。10人の敵がやってきても、感謝の心があれば打ち勝つことができてしまうのです。もしも、これを仕事に応用すればどうなるでしょうか。

10の問題がやってきても打ち克つことができるでしょう。

かつて偉大な経営者が感謝の心を説きました。その真髄はこの武道にも通じるのです。

事実として武道の奥義の一つはまさに感謝の心だと見つけ出しました。もしも感謝していれば、心底感謝しているのならば、その瞬間に人は達人になることができるのです。

それは武道の達人というだけではありません。仕事の達人であり、人生の達人ということでもあります。これは決して、道徳の時間に説かれるような教条的な話ではありません。

実際に武道で見つけたものです。

人は悪いことが起きたとき、問題が起こったときに感謝できないというけれど、そのときにこそ感謝の心が大切なんですね。感謝していれば、克服することができるわけですから。

人は嘘をつくと弱くなってしまうという現象もとても面白いと思うのです。嘘をついたら人は体の重心が浮いてしまって、弱くなってしまうんですよね。

真実を話しているときは重心が沈んでいます。心の状態がその人の強さを左右する。

真実の心こそが人生を価値あるものにします。口から出まかせを言うようではいけません。それでは人は本当に身も心も弱くなってしまうのです。

人生に立ち向かおうとしたときにまず第一に自分の考えが真実かどうか。

自分の言っていることが真実かどうかということを確かめなければなりません。武道で強くなるために、人として強くなるために真実の心が大切なんですね。武道を通して、私が達した結論は明白です。人は素晴らしい。

一人ひとり、すべての人たちに素晴らしい可能性があり、その考え方次第でいくらでも偉大な力を引き出すことができるようになるということです。

私は最初、体術を研究しました。しかし、突き詰めていくと、それだけでは不十分だとわかりました。そして、私は心を研究しました。正しい考え方の持ち主は強いということが解りました。人は感謝し、真実の中にいるのならば、どんな人生の困難にも立ち向かって、やがては打ち勝つだけの力を持てているという確信に達しています。

この可能性を素晴らしいと言わずになんと言えばいいのでしょうか。

心の達人となること、これは心無きＡＩにはできないことです。だからこそ、どれだけ時代が変わっても必ず人間こそが主人公だと確信しています。

武道の探究において、動機が純化されればされるほどに武道の真髄が次々と目の前に現れてきました。その考え方がどれだけ正しいか。それを試すようにあらゆる面から真実を突きつけられるように発見していきました。

正しくなければ技は効かず、正しければ技はいくらでも効くようになる。

もしも人が心から感謝の中にあるのならば、数十年の修行を重ねた武道の達人さえも破り去ることができると気づきました。

すべての人にそれだけの力が潜在的に眠っているんですね。

正しい考え方、正しい動機があるのならば、道を究めることができると思います。

自分個人のためではなく、人類のためだとするのならば人はどこまでも行ける。

のです。

狂人と天才は紙一重と言いますが、私は傍から見ればまさに狂っているほどに武道に打ち込んでいたのです。私は私自身のことを生まれてこの方、天才だと思ったことは一度もありません。しかし、狂人と天才を決定的に分け隔てするものがあるとしたら、それは狂っているほどにそれに打ち込んでいながら、何を目的としているのかではないのかと考えるのです。

研究において自分個人の利益の追求のために、あらゆる時間を狂ったように費やしている。これはまさにマッドサイエンティストの姿です。まさに狂人です。

しかし、人類のために研究している。それにすべてを捧げていると。その高潔な思想が少しでも心に流れれば、その人は天才科学者と呼ぶに相応しいものとなっていくと私は考えるのです。

この紙一重は、動機によります。動機によって同じだけの努力と時間を費やしながら、行き着くところがまったく違うものとなるのです。

最高の動機を持っていたら、最大限の行動を人は自然と起こします。

その動機が正しければ正しいほど、その行動は素晴らしいものになります。正しい考え方を持っていれば持っているほど、間違いを素直に認め、最大効果で行動することができます。

最大効果で行動すると人は桁違いに成長し、最高の能力を獲得していきます。最高の能力を持った人は、最高の結果を手にすることができるのです。

最高の動機 × 最大限の行動＝桁違いの成長（→最高の能力獲得）＝最高の結果

動機こそ、すべて。

第7章

今、本当に役立つもの

～これからのAI論と気づきの武術論

1 誰でも腕相撲がいきなり強くなる方法（三戦の応用）

武術の術理を応用すると、簡単に腕相撲が強くなることができます。これは皆さんでもすぐに再現することができることです。

最初に、自分よりも力が強くて腕相撲をすると勝てない相手と勝負をします。普通にやっては勝てませんよね。そこで武術の理を使ってみましょう。

三戦の形がありまして、最初に両腕を脇で引き絞るように構えるのです。

試しに同じように両腕を構えてみてください。このときに腕相撲で使う右肘をぐっと引き絞るように胴体に付けます。そうしますと、肩甲骨がすこしだけ伸びて張るような感覚が出てきますね。

この肩甲骨が張っている感覚が強いのです。胴体と腕が繋がるので、体の力が伝わるようになるんですね。

この感覚を維持しながら腕相撲をやってみてください。

思っているよりも胴体の力が伝わり、勝つことができると思います。

2 努力は必要がない？　本当に大切なこと

武術とスポーツの決定的な違いは、努力を重視するかしないかの差だと思っています。

三戦の腕遣いで腕相撲に勝つ！

三戦の「両腕を脇で引き絞る」操作をすると、肩甲骨が少し伸びて張るような感覚が得られる。この状態こそが、胴体と腕が繋がって大きな力を作り出すことができる状態。この腕の感覚で腕相撲に臨むと、勝てなかった相手に勝てるようになるほど、大きな力の変化が顕われる。

三戦の引き絞る腕操作

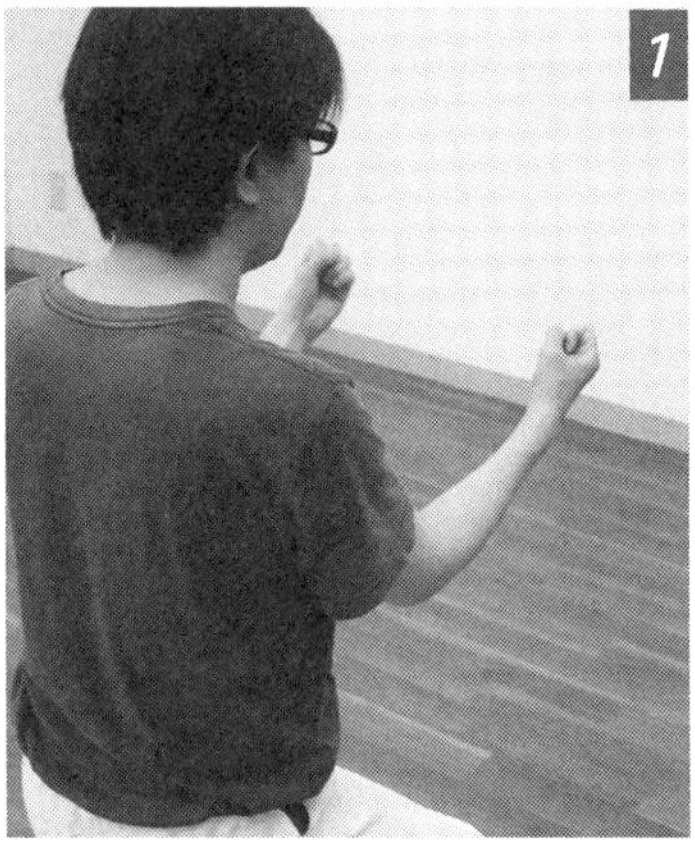

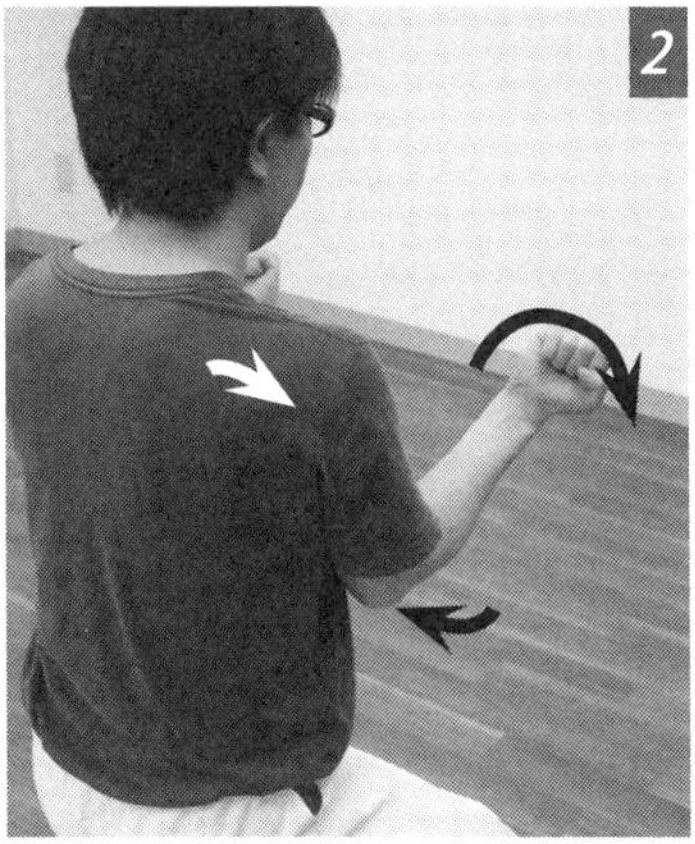

アスリートを見ていて本当に大変だなと感じることがあります。

（すべてのアスリートがそうだとは決して言いませんが、一部のアスリートに言えることがあります）

それは考え方。

例えばスポーツ選手に10人の人間を押してくれと、何とか押せるように頑張ってくれ、いくらでも時間は与える、あきらめてはいけない、という条件を与えたとしましょう。そうすると彼らはウェイト・トレーニングを始めて筋肉で解決しようとするんですよね。押してみていただければ分かりますが、筋肉をいくらつけても、仮に2倍つけても、絶対に10人は押せないんですよね。自分の10倍もの質量を持った存在が耐えているわけですから、10倍の筋肉をつけないといけない。

身長5メートル、体重500キロぐらいにならないといけませんよね。そんなムキムキに人はなれません。

それでも、アスリートはウェイト・トレーニングに励む。これが本当に大変なんですよね。できない場面でもそうやって解決しようとしてしまうから、限界にぶち当たったときの苦しさは生半可なものではありません。

日本人は努力を美徳としてしまった。努力は素晴らしいと言うわけです。日本の教育システムは、RPGのレベル上げの作業と悪い意味で似ています。勉強にしても筋トレにしても、単純に努力した分だけ結果が出てしまう。教科書を反復記憶をすればいいだけですし、ウェイトをひたすら上げればいいというわけです。

そして、そういうやり方でしか成長する方法を知らない人は、絶対に無理だという場面に遭遇した時にどうなるのかということです。

簡単に心が折れてしまうんですよね。

武術は、最初にそういう無理な場面を想定して作ってしまう。筋肉や努力では絶対に不可能。考え方を変えなければ絶対に無理だという条件を設定するのです。

達人がやる10人押しを実現するためには、武術の術理を体現していなければなりません。術理の条件をクリアしなければならないわけですが、発想を転換していかなければできるようになりません。筋肉を付けて、という単純な努力では絶対に無理なのです。

武術が単なる努力と違うところは、そこにあります。やり方がまったく違います。取り組み方がまったく違うのです。

アプローチを変えていく。試していく。探していく。

ひとたび「気づく」と信じられないぐらいに簡単にできるようになってしまうのです。鍛え上げられたアスリートが頑張っても頑張っても押せない場面でも楽々と押せるようになります。

一度、術理が分かると何度でも再現できるし、何回やっても楽々とできてしまいます。

武術には、ある意味、努力が必要ないんですよね。ただ色々と試して気づく必要があるだけなのです。形の中に隠された術理に気づけばいいだけで、どちらかというと知的な発見が重んじられます。

その試行錯誤が楽しいとなると、もうどこまでも努力が必要なく成長していく世界が広がっていきます。その成長は不可逆のもので辛いことはまったくなく、それどころか簡単に無理な状況を克服してしまうようになります。

まず、人は単純な努力ではどうにもならない状態に出会わないと、真の意味で考え方を変えて成長していくことができないんですよね。

アスリートたちが辛いのは、筋トレが単に辛いだけではないのです。練習が単に辛いだけではありません。考え方が辛い。それを凄いねと称えるから人々も辛くなってしまう。辛いこと、苦しいことを素晴らしいことだと勘違いしてしまうのです。

私から言わせれば、「辛い」や「苦しい」という現象はやり方が間違っているから起こることだと思っています。

例えば突いたとき、手ごたえが重く苦しい場合は相手にまったく効きません。しかし、信じられないぐらいに効くときは手ごたえがないんですよね。技が効くときは、スコーンと後ろに力が抜けていきます。技が失敗した時はまるでウェイト・トレーニングの時のようなグーンとした苦しさがあります。

ウェイト・トレーニングのような努力を繰り返すと、このグーンという身体に悪い感覚、もっと言えば技が失敗したときの感覚が「良い感覚」であるかのように勘違いしてしまいます。

武術では「苦しいのはやり方が間違っているから」であり、できていないからなのです。ところがスポーツでは「苦しいのは頑張っているから」となってしまうのです。

その苦しさの果てには筋肉の断裂や疲労骨折などの怪我があるわけですが、人々はそれが分かっていません。

私は練習を一日中やっても「楽しい」しかありませんでした。それは一切の努力を否定し、ひたすらに試していく楽しさを味わっていたからだと思います。身体に負荷を掛けるのではなく、気づきばかりを重視しました。

まるでゲームを攻略するように武術の術理を解き明かしていきました。

この楽しさを味わったら何の辛さもなく、物事の真髄に信じられないスピードで辿り着いていくことができます。

私は練習すること自体が喜びでした。

そこに努力はないですよね。

アスリートたちは栄冠に輝いた瞬間は、喜びがあると言います。幸せだと言うわけですね。

しかし、日頃の練習は辛いもので、その一瞬の喜びと比べると信じられないぐらいに長い。比較したときに、辛さの方が上回っているわけです。

辛いことばかりして、苦しいことばかり重ねて、それで喜びが一瞬だというのは本当に大変な生き方だと思います。

努力至上主義、筋力至上主義の果てにはドーピングに手を出さなければいけない、となっていくわけです。相手よりも筋肉をつけないといけないわけですからね。それは、心身ともにボロボロになっていく不健康な在り様だと思います。

この努力なるものの正体。これは人の「勘違い」からくる考え方なのではないでしょうか。

単純に努力すれば上手くいくと勘違いしてしまっているのではないでしょうか。

努力すれば成長するわけではないです。気づくから人は成長するのです。

人は「筋肉をつけても限界がある」という経験をまずしないとその勘違いを正し、考え方を変えて新しい術理を探そうとしないのでしょう。

武術では術理を体現していないと絶対不可能な課題を最初に設定し、命題を生み出します。そして、それを楽々と解決してしまう答えを探していくのです。

本当に大切なことは気づくことなんですよね。アイディアを出し、試し、気づいていくこと。その探究の仕方は発見の連続であり、楽しさしかありません。

3 〝極意〟は何でもない顔をしてそこら中にある

皆さんはお気づきではないかもしれませんが、誰だって瞬間瞬間に達人になっていることがあります。

前述しましたが、ぼけーっとバス停や駅前で重い荷物を持って立っているとき、無駄な力が抜けていて、重心がものすごく沈んで強くなっている人がいたりします。実はとても当たりに強くなっていることがあります。重心が落ち切っている人は、それだけである種の達人の意識を一部体現しているのです。それはその瞬間の出来事で、本人は自覚すらしていない。しかし、その状態で試しに体当たりをしてもらうと、当たられた方はもうたまらないぐらいに強く感じるのです。

子供が突いたり、蹴ったりするのを道場で見ることがあるのですが、白帯の子供ともなるとまるで古流剣術の達人のような立ち方をしていることがあるのです。

先生に「それは違う」と直されるのですが、その素直な動きは本当に強いんですよね。一種の達人と言ってもいい自然な動きができています。

人が本当に驚いて逃げるときは、ボクシングの世界チャンピオンよりも早かったりします。その回避能力は正直に言うと超一流のボクサーに匹敵するか、ある瞬間においては勝っています。

海外の交通事故の映像がネットに上がっていたりしますが、危機一髪避けることができた映像を見たときにびっくりしましたね。

一拍子、いいえ、無拍子に近い動きを自然としていました。

子供を抱えながらくるりと後ろに回転して、一瞬で突っ込んでくる車を避けていたんですよね。この動きが再現できたら「何の攻撃も当たらない」と思いました。

まさに達人の動きなのです。

極意、というものは決して一般人からかけ離れたものではありません。そこら中にあふれています。

剣を極めようとした人たちは、人がさらっと見せる有効な動きの中にぞっとするぐらいのインスピレーションを得たりしていたのでしょう。

人が本来の能力を発揮すれば十分で、それだけで剣聖に到達できるほどの力を秘めています。

延々筋肉を鍛えて鎧の体を作って、というのは本当は強くなるためには必要がなく、誰もが持っている素晴らしい可能性を引き出したときに人は達人になることができるのです。

決して、難しい動きや複雑な動きの中には極意はありません。

長々とした難しい形を打っていれば達人になれるということではなく、むしろ子供のように自然に素直に動くことのほうがはるかに優れているのです。

そこら中で人が自然に動いている、その中にこそ極意が存在しています。

4 気づくと進化する。では、どうしたら気づけるのかという問い

気づくと人は成長し、その技を進化させていくことができます。

では、どうすれば人は気づくことができるのかということですよね。

気づきの原理は実はとても簡単でして、逆にまったく気づかない方法があります。それを知ると気づく方法も分かります。

何も意識せず、何もしないこと。

そうすると、人は何も気づかないようにできているんですよね。何もしないと何もわからないです。十代の頃、私はゲーマー以前に引きこもりだったことがあります。そのときは何もしていなかったわけですが、何の気づきもありませんでした。

逆に言うと、空手の練習をしていると空手のことに気づいていきます。さらに意識を高めて、ここから何かないのかと探すようにちょっと練習中に意識してみる。目的によって違いますが、打撃力なら打撃力のことを意識してやってみる。これは使えないかと考えて試してみる。そうすると気づく確率が上がります。

気づきとは意識的に試すことで起きるんですね。いわば発見なのです。

さらに進めて、空手の達人について調べてみる。その話をよく聞いて、空手の達人の言っていることを自分の中で吟味してから練習してみる。形を重視しているなら、その形をやってみる。

例えば、私の場合だと本部朝基の本を読んだりして、その写真を見たり、彼の話を分析したり、彼が愛した夫婦手という技術について考えたりしていました。それで道場の稽古で下段払いをしていると、右手と左手の連動に気づいたのです。

これはひょっとすると夫婦手ではないかと思って、ふと右手と左手を連動させて動かしてみるとそれが確信に変わっていきました。

これは本部朝基という空手の達人を意識したことで見つけられたものですよね。

ある空手の達人が三戦という形を重視していると聞けば、三戦の研究にひたすら熱心に取り組んでいって、体の統一や気と息の関係を見つけ出しました。

この話の流れから分かると思いますが、最初はちょっとした意識から始まって、さらに高い意識で考え、練習することで気づきが深まっていく。高い意識とは達人の意識であり、彼らが話している内容のこと（術理）なんですよね。そのことに注目しながら、ふいに練習をしてみる。どうすればできるか考える。その達人の練習方法を突き詰めていく。ただ話を聞くだけでは不十分で、自分も同じような練習をしてみるわけです。

そうすると、ぽんぽんと気づいていくわけですね。

どうやったら気づけるのか、ちょっと見えてきたかもしれません。何もしないと気づけないわけですから、気づくために何かを始めてみるのが良いのです。

あらゆる物事に言えます。

ピアニストならピアノを弾いてみる。そこから上手くなりたければ、世界的なピアニストの話を聞いてみる。彼らの映像や技術を調べ上げる。それで意識しながら練習してみると、世界的なピアニストたちの技術が見えてくることがありますよね。

それが気づきなのです。

私の場合はゲーマーなので極めることが好きだった。だからこそ、それをかなり推し進めてやったということです。

本部朝基という空手の達人に限らず、空手の流祖たちの話や上泉伊勢守（新陰流の流祖）や現代にいる剣術の達人から中国拳法の達人に至るまで、それこそあらゆる流派の話を聞いたり、書籍を調べ上げたり、映像を見たりしながら、一つひとつ空手の稽古に取り入れて、試しにやってみていたわけですね。あくまでも一つひとつ積み重ねていったわけですが、結果としてあらゆる人たちの話を吸収し、再現したり、体現したり、アレンジを加えたりしていくことになったわけです。そして、先達から学び取っていったわけですよね。

何でもそうですが、意識して練習すると気づきがありますね。

武術的に言うと、達人の動きを見ること。達人の動きや練習を真似すること。体内の変化を意識すること。そして、試して発見する。

この過程が気づきですね。

もうひとつあります。それは多くの分野のトップクラスのものを見ていくというものです。

私の場合は剣術の達人の動きとボクシングの世界チャンピオンの動きの中に、ノーモーションという考え方を見出したのです。２つの動きを見つめたときに同じ共通項がある。

予備動作なく、攻撃を当てることができている。そのときに、はっと気づくんですよね。

同じじゃないか、と。

2つともまったく違う分野のように見えて、本質は同じで人に「攻撃を当てる」必要があるわけですよね。まったく同じことを人に対してしているという点で、共通しているわけです。その共通している分野からトップクラスの動きを2つ3つと見ていきまして、共通項からふと気づくわけです。

5 武術を〝今の時代〟に追究するからこそ大事な事～〝気づく〟事

昨今、人工知能がもてはやされていますが、確信を持って言えることがあります。決して人工知能は、自ら新たに「発見できない」ということなのです。

人工知能は、既存のデータ知識の中から最適解を生み出す力において長けているのです。莫大な情報データを大量に集めて解析し、あるいは組み合わせて一見すると新しい答えを生み出したかのように見せかけることができます。しかし、発見しているわけではありません。学習したうえで、分析（解析）しているだけなのです。

これから私たちの仕事は変わっていくでしょう。人工知能によって、なくなる職業があると言われています。既存のアイディアから答えを出す、という仕事は人工知能に取って代わられていくでしょう。

与えられた勉強ができるという世界（既存の情報をただ修めただけの能力）はすべて人工知能の得意とするものであり、重視されなくなります。なぜなら人工知能の知識を集積し、分析する能力というのは人が一生掛かっても不可能な量を一瞬でこなしてしまうものだからです。

通常の人が数秒間に数十回しかできない試行を、人工知能は数百億回繰り返すだけの力があります。まだ、実用化に至っていない部分もありますが、それでもその点において人は及ばないことは明白です。チェスや将棋を始めとしたマスを使ったゲームの分野では、トッププロたちを倒し始めています。これはまさに既存情報の世界だからです。

人は、この世界では人工知能に必ず勝てなくなります。人が主体を占める世界ではなくなっていくでしょう。しかし、人にしか及ばない世界があります。人工知能には決して理解できない世界が存在しているのです。

それが人の「心」です。

私はこの曖昧たる「心」というものの作用を武道という身体が問われる世界で見つけ出しました。人には心がある。身体がある。それは決して人工知能が体感できるものではありません。言語化して、簡単に試行することができるものではないのです。

機械では感じ取ることすらできません。視覚情報として心を調べ上げることもできないのです。脳波でも説明が付かないものがあります。

これから人工知能によって仕事がなくなる一方で、私たち人間にしかできない仕事こそが重んじられるようになっていくと思います。それは情緒の分野であり、心の分野であり、何よりも「発見」していくという世界なのです。

人工知能は確かに既存の情報を人間では考えられないほどに集積し、分析し、その共通項から答えを出す能力に長けています。しかし、知識として存在しないものは分析できないのです。

これから本当に大切にされるのは、新たな「発見」を行う人たちであり、これから重視されることは、「人である」ということです。

第一、感謝していれば人が強くなるなんて、人工知能には永遠に見つけ出すことができません。何百億回の試行錯誤を重ねても見つけ出すことはできません。

なぜか分かりますか？

この身体と心を感じる力が人工知能にはないからです。機械では再現することはできないし、ましてや発見することはできません。

気づくこと。

それは体と心を持っている人にしかできないことです。自ら考え、感じることができる人間の一番大切な部分だと思っています。

人工知能の登場によって、私たちの人間性こそが問われる時代になっていきます。それはＳＦのような殺伐とした世界ではなく、感謝や愛が重んじられ、もっともっと人が尊重し合い、愛し合う事こそが大切なのだと気づいていく世界だと思っています。

もし、人類が人工知能に従うような愚かなことをし始めたら、どうなるか。

人工知能の答えは人間が過程をほとんど理解できずに出てしまうものなので、間違っていた時はどうやって人間が解決したらいいのか分からなくなってしまうでしょう。ブラックボックスの問題が発生してきます。

武術では身体に取り組むことで、このブラックボックスを解決していく。体と心が理解できる、分かることで人は達人になっていきます（体のホワイトボックス化）。

一方で社会ではブラックボックスを増やしていくという逆のことをしているのです。それでは人の能力が落ちていく。

もしも人が誰もかれも人工知能に従うようになったら過程を知らない技術者たち（つまり技術者が育たない状態）が増え、問題が起きたときに誰も解決できなくなり、大きな社会問題が発生するでしょうね。

武術においても、効率至上主義の果てには本部朝基が示した人を壊す禁じ手しかありませんでした（金的、目潰し、関節への攻撃）。

今の世界で言えば核弾頭を撃ち合って、確実に世界が吹き飛びます。その方が効果的に攻撃できるわけですから、戦争のときに人工知能はそういう結論を簡単に出してしまうわけです。

だからこそ、私たちは人工知能をあくまでも下に置いて、愛をもって貴しとする必要があります。

武術において強さという強さを追求したからこそ、私は思います。

単なる強さの果てには何もない。

効率を追求するだけでは人は不十分で、強さよりもモラル、倒すことよりも感謝すること。

いいえ、今や人を愛することの方がどんな武術の技よりも強いと感じています。

6 弱いＡＩ、強いＡＩ、真の強さとは？（ＡＩが人間を超えることができない理由。人工知能の限界点）

哲学的な議論からすでにＡＩの限界点は示唆されています。弱いＡＩ、強いＡＩという話があります。それはとても簡単な話でして、強いＡＩとは人間の意識を持ったＡＩのことを差します。つまり、正しくプログラミングされたＡＩは精神を宿すという説ですね。それをある人が「強いＡＩ」と名付けたわけです。

そして、弱いＡＩとはあくまでも計算ソフトウェアの域を出ないもの。もっと噛み砕いていうと、計算機の延長線上のものということです。

今、皆さんが人工知能と呼んでいるものは後者でして、弱いＡＩのことですね。分かりやすく言うと、計算ソフトの延長線上のものを作っているだけなのです。

今、主流のディープラーニング（深層学習）という言葉を聞くと、ものすごい技術だと思われるかもしれません。でも、深層学習というものはそれほど難しいものではなく、何層にも学習計算する構造を設けているだけなのです。いわば、ものすごく選択肢を増やしているという状態ですね。

分かりやすく言うと、〇×クイズの選択肢を何層構造にも計算するようにしているに過ぎず、すごい計算をしていますねというレベルを超えられていないんですね。

果たして、それは知能と呼べるでしょうか。

百種類ぐらいの計算機を作ったとしますね。それを何層にも重ねたら、それは計算機から進化して、いきなり人間のように知能を持って話し出すと思いますか。

いいえ、それはあくまでもすごい計算機に過ぎませんよね。

今、人工知能と呼んでいるものは、すごい計算機であって、まだまだ知能とは呼べません。

研究者が知能とは何たるかを解明するまでは、人は真の人工知能を作り上げることはできません。

さて、私は武術の視点からその限界点をあえて説きたいと思います。

一番分かりやすい話は、今のＡＩはビッグデータという莫大な情報から相関関係を見出して答えを出しているということですね。

もっと噛み砕いていうと、「似ている」ということを大量のデータから出すわけです。

機械学習は、あくまでも相関を見出すことができても原因を知ることはできないのです。

現場の開発者たちは体感していると思うのですが、的外れな答えを出してしまうのはあくまでも相関によっているからですね。

一例としてよく挙げられるのは、マーガリンの消費量と離婚率が相関しているという結論をＡＩが出すわけですよね。じゃあ、マーガリンの消費量を減らせば、離婚率は減るのかと言えばそういうわけではありません。たまたまデータが極めて似通っていただけなのです。

これでもＡＩはそれを正答としてしまうので、的外れな答えになってしまうことがあるのです。

さて、武術の視点から話すと、私が水月移写という技を使ったとしますよね。

目が見えない状態で、さらに耳が聞こえない状態で（五感が使えない状態で）背面の攻撃をかわすことができる。

心を読んで回避する、という剣の奥義が存在しています。

今のＡＩに、それは何なのかを計算させたとしますよね。数百億回の計算処理を繰り返しても、それを解明することができないのです。「予測不能」「相関関係なし」などになり、まったく何回やっても答えが出せないんですよね。仮に出したとしても的外れな答えになってしまうのです。

これはビッグデータに私の技が記録されていないからなのです。

ある武道家が水月移写という技を使えるというデータがないわけです。相関がどこにも見られない。仮に見られたとしても的外れで答えにならない。

じゃあ、記録すればいいのかというと、そういう単純な話でもありません。これからも記録されることがないからです。どうして記録されることがないかというと、なぜ水月移写という技ができるのかということをデータ化することができないからです。

それは人工知能が永遠に辿り着くことのできないものであり、もっと言えば解明できないものなのです。データ化も不可能で、認識もできない。人間だけが感じ取ることができる五感の上位感覚だからです。

そもそもそれは「ありえない」「存在していない」ということであり、そういうビッグデータに記録されていないような技を使うと、何回やっても「予測不能」「相関関係なし」で敗れ去ってしまうわけです。すごい計算機を作ったところでどうしようもないものはどうしようもないんですよね。

人間の潜在能力をすこしでも引き出してしまうと、さらっと超えていくことができてしまうのです。これが人の真の強さだと私は思うんですよね。

今、人工知能研究がもてはやされ、世論を席巻していく中で多くの人たちは潜在的に不安を感じているかもしれません。人工知能が人間を超えてしまうのではないか、と。

理解できない存在の登場によって、恐怖すら覚えている人がいるかもしれません。

だからこそ、私のような武道家が語る必要があるのだということを強く感じるのです。

人には無限の可能性があります。

研究者たちは躍起になって開発してはいるけれど、本質的なレベルで考えていないから辿り着くことはできないと直感しています。強いＡＩを作るためには、人間の知性を解明しなければなりません。知性は計算を超えている。

単に計算スピードが早い、複雑な計算ができる、学習できる、というだけでは計算機に過ぎず、知能たりえないということを賢明な研究者たちはすでに肌で感じていることでしょう。

どうしてＡＩが的外れな答えを出してしまうのか。それは推論エンジンが単に相関性からしか答えを見出していないからということ。

思考力を本当の意味で持っているわけではなく、どれだけ複雑な深層構造を設けても真の知性が生まれないということ。それはここ十年、二十年の研究で明白になっていくでしょう。

研究者たちは壁にぶち当たり、やがては「意識」とは何か、「心」とは何かを自問しなければならなくなります。

私がかつて「心」というものを知りたくて自問し続けたように。そして、その答えを見つけ出すために武道の深遠な扉を次々と開いたように、研究者たちも探さなければならなくなると思います。

研究が進むにつれて限界を強く感じるようになっていくでしょう。かつての剣聖たちが到達していたレベルは現代の文明をはるかに凌駕していきます。人類が数千年の間に発見してきた、しかし失われてしまった叡智が人の体には内在しているということを気づかせてくれます。

心を読む。相手の対応を五感を超えて察知できる。それは人が本来持っている可能性なんですよね。

AI新時代の幕開けにこそ、人間の可能性を私は語る必要があると強く感じました。

私は「心は脳の錯覚に過ぎない」という一部の脳科学者たち、および心の哲学を標榜する人たちの考え方に十代の頃は賛成していました。そうだ、脳の機能ですべて説明が付く。イメージだって、思考だって、すべて作り物で、機械で再現できるのではないか……でも、納得が行かなくなったんですよね。

何かが違うということを感じ始めた。

命がけの武者修行を行うことで次々と古の叡智の扉を開いていき、現代の科学者たちが持っている認識を超えた技を見つけ出していくにつれて、まったく新しい認識を得ていきました。

人には体があります。知性があります。私は、何より人には「心がある」ということを説きたいのです。それは脳の錯覚ではなく、機械で再現できるものではない。人間の素晴らしい可能性だと思っています。

人々が恐れているようなことで、AIがいつか人を支配するというようなことはありえないと思っています。人類が自分から従うような愚かなことをしない限り、それは現実的ではありません。

問い。

「真の知性を持たないAIがどうやって人間を支配するのだろう？」

心を持っている人間の方がはるかに素晴らしい。明かされていない深遠な知識の数々が、人間の心と身体には無限に秘められていることを感じています。目に見えない世界があります。五感を超えている技があります。剣の奥義にはそれを見て取ることができるのです。

決して、私は武道家として単純な強さを追求するのではなく、これからも人々の可能性を発見していきたいと考えています。

私は武道家として、改めて人間の素晴らしさを話したい。

7 人と人ならざるAIの決定的な違いとは何か？（気づきの本質は意志にあり）

さらに突き詰めて話を進めます。

武道を極めていくためには「気づき」が大切だと言いました。しかし、人もAIも情報を集めて分析して、気づくことができるのではないのかと思われる方もいるかもしれません。

AIは分析できても気づくことができない。

相関性があるということをAIは提示することができても、その結果が一体何を意味しているのか、どういった効果があるのか、それは意味あるデータなのかを人間が考えなければならないということなのです。人工知能はデータの類似性を見い出せても「意味」を見い出せないのです。

これは究極の話なんですけれど、意識の領域にまで関わってくる話です。そもそも、気づくために絶対不可欠なものがあると感じるのです。

それは、意志です。

こうしたい、と思うことなんですよね。思う力というべきでしょうか。この最初の意志がないと気づきというものはありえないと思っています。

それはどういうことかと言いますと、まず始めに強く「こうしたい」と思わなければ目的が明確化せず、はっと気づくという現象すら起こらないんですよね。目的を持たずに惰性で練習していても何も気づくことはできないですよね。気づきとは意志のないところでは起きないと思うのです。

意志↓目的↓気づき

この流れを経て、気づきは起こってくるものだということです。この最初の始まりに不可欠な意志・意識がＡＩにはないということです。

どこまで行ってもＡＩは、人が「これを分析してほしい」と最初に考えて、その解析から始まるものなのです。そして、解析されたデータを見て、比較検討して利用するかどうかを決めるのも人間なのです。最初に人が「こうだ」と思わないと何も始まらない。この人が最初に「こうだ」と思える意志なるもの。この根源的な人の意識・意志というものは、あらゆる運命を超克していくものだと感じています。この意志なくして、武術も成り立たなかったと考えています。

神道流《しんとうりゅう》の原型となる「香取の剣・鹿島の剣」が生まれる話をしましょう。

現存している最古の剣術の元となったものとして知られていますが、その源流が生まれてきた経緯がとても面白いのです。これはもはや伝説ですが、正確な文献すら残っていない古の時代の話になります。

神道流の原型は、神職《しんしょく》が編み出したものだと云われているんですね。今では考えられないですが、神主さんは神社だけではなく治安維持も担っている時代がありました。

祭政一致、という言葉がありますよね。まさにいろいろなものが分離していなかった時代。当時、鬼のような賊がいまして暴れまわっていました。神主さんや住人たちは、大変に困らされていたんですよね。その暴れまわっている賊たちがとても強くて成敗できなかった。人をさらったり、作物を盗んだり、やりたい放題していても止める方法がありませんでした。

それはある種の逃れられない運命でした。

神主さんは、この運命を超克するために神社で祈りました。そうすると神様から閃きを授けられまして、神道流の原型となる「香取の剣・鹿島の剣」を編み出すことができたと言い伝えられています。(千年以上前の話で、どこから生まれてきたのか不思議なぐらいとても洗練された動きが突如として日本史の中に現れたのです。中国武術すら元にしていない日本独特の剣術が生まれた瞬間でした。)

神主さんはその斬新な剣術によって賊を平定したと言います。この閃き(この気づき)は、平和を取り戻したいという強い願いから生まれたものだと思うんですよね。

やがて戦乱が全国で起こって、その土地の若者たちが戦地に赴くことになったとき、神主さんはこの剣を授けたと言います。若者がすこしでも生き残れるように、という願いを込めて。

当時の戦場では「力士」がもてはやされ、体格が大きくて力持ちの豪傑タイプが重宝されていました。その大男たちが打撃武器を振り回して、人を叩き潰していた。まさに術と呼べるものはなく、力こそすべての世界だった。

その困難な運命を生き延びるために、非力な若者たちに剣を託した。剣術を修めれば、必ず生き残れるわけではありません。

しかし、「死」という戦場の運命に抗うために、神道流の原型を授けたんですよね。若者たちはそうして生き抜いた。やがて、その剣を元にして神道流が編み出され、全国に広まっていくのです。

神道流という剣術が生まれるためには、神主さんの意志がなければならなかったのです。願いがなければならなかったのです。その意志があればこそ、神道流は生まれたのです。そうしたい、と強く願うことは人にしかできないもの。運命を超克したいという特別な思い。それは意志の力ですよね。

その黄金の意志があって、初めて閃きが与えられ、まったく新しい流儀が編み出されることになったのです。

これは人にしかない、と私は感じています。

人には意志がある。だからこそ、無限の可能性があるのではないでしょうか。

ＡＩはあくまでも私たちの生活を向上させるアイテムとして（便利な道具として）役に立つものだと思っています。私たちがそれをどう使うか、決めていかなければならないのだと思うのです。

8 運命を超克することができる気づきとは
（武術の運命論、ＡＩの宿命論）

人と人との勝敗はどれだけ強くなっても、思うようにならないと思うことがあります。

格闘技でもなんでもそうですが、対戦前にある程度勝負は決まっているのではないのかという考え方もありますよね。

各人の力量というものがあるわけですから、それを推し量ればいい。でも、私から言わせれば決定的なものとは言い切れないんですよね。そうだと言い切れないところがある。

戦う前に勝負が絶対に決まってるなんてことはないのではないかと思っているのです。

なぜ、勝負が戦う前に絶対に決まらないのかということですよね。

戦っている最中にも人は変わることができるのです。その瞬間瞬間にさえも、自分の命運を分かつことができる意志があります。こうしたいと思えば、できてしまうのです。

つまり、何かの流派を修めた。空手をしている。柔道をしている。その動きに依存している限りは、型にはまっていて、運命は決まっている。その流儀の流れを汲んでいるわけです。

でも、ひとたび、そうじゃない動きをしたいと思えばできてしまうのです。その瞬間に運命が変わってしまうのです。

人は戦っている最中にすら運命を変えてしまうことができるのです。これだから、勝敗は本質的には思うようにならないわけですよね。思った通り、完全に予測をすることができないのです。

戦っている最中にこれでは負けてしまうと感じたのならば、そして、違う動きを選んだのならば、それが有効だったのならば、信じられない逆転を演じることも可能なのです。

そのとき、人は勝敗という運命を超克していると思います。

負ける運命だった人が勝ち、勝つ運命だった人が負ける。

ところがAIはそうではないのです。その運命を超克する気づきを得ることができないと思っています。

AIはAIでもいろいろありますが、その中で進んでいるものでもその構造は難しいことはなくて、2つの要素で説明が付きます。

推論エンジンとビッグデータ、主にこの要素で成り立っているわけですよね。ビッグデータは分かりやすいです。過去の膨大な記録ですよね。推論エンジンは、要はそれをどうやって分析実行するかを考えるエンジンなわけですね。その推論エンジンの質とビッグデータの量で、AIの運命は決まってしまうのです。

人間に例えるならば、何の流派を習っているかですよね。空手なら空手の推論エンジンがあり、柔道なら柔道の推論エンジンがあるというわけです。その流派をどれだけ練習し、どれだけ対戦しているかがビッグデータに例えることができますよね。

AIが勝手にプログラミングを組んでるんだ、と技術者が言ったところで、実は推論エンジンの宿命を超えていないのです。

あらかじめ与えた推論形式の流れの通りに発展し、機能しているだけなのです。シミュレーションとエミュレートの最終結末は、その最初の推論形式に依存しています。つまり、「宿命」が決まっているということですね。

運命というよりも、宿命という確かな言葉が相応しいと感じるほどのものがあります。

ゆえに、AIロボットとAIロボットを対戦させれば、その推論エンジンとビッグデータのクオリティで勝敗が決まるわけです。そして、最終的には何回やっても同じ確率の勝敗結果が出てきますよね。エンジンが変わらないと、まったく同じことになるのです。

ところが人は違うんですよね。

無理な状況を克服したいと思うことができてしまうから、運命を超克する気づきを得ることができるのです。対戦中さえも変わることができるし、対戦後にも変わることができます。

意志があるから変わることができて、気づいてしまうのです。

人はプログラムを超えていくことができる力があります。武道で言えば、流派のプログラミングを超えられる。「自分」で変えられる。「自主的」に改良してしまうことができる。それは気づきによって成されるわけですが、その気づきは意志があればこそです。人が「そうしたい」と望むからこそ可能になるのです。

ＡＩロボットだって勝敗結果は変わるのではないか、と思われた方もいるかもしれません。シミュレーションは途中経過では変わっていきますが、最終的には極まって最初の構造に依拠する形に必ず収まるようになっているのです。

最初、開発者が描いた構造に宿命のようなものがあるわけですね。確かに勝敗の結果を受けて、研究者の試行をＡＩロボットの推論エンジンに投影させると次の勝敗に影響を与えることができます。

しかし、そのＡＩロボットの勝敗を左右している研究者の試行は何なのか。根源的には人が気づいて、改良を加えているというところにありますよね。

運命を超克することができるのは意志のある人間だけだと思っています。

それはＡＩにはない、植物にもない、鉱物にもない、自然の流れに身を任せるだけではなく、意志の力を持って自主的により良く生きることができる人間の究極の可能性だと思うのです。

今や私は、剣で説かれた無我の境地は最高ではないと思っています。意志の力こそ、運命の通りにあるだけの無我を何度でも破り去ることができる武道の真髄だと思います。

かつて神道流の原型を閃いた神職のように、意志の力こそが「できなかったことを可能」にし、人を成長させることができると思うのです。

私は知りたいと願いました。ゆえに、知った。ＡＩは自分で知りたいとは思わない。しかし、人が知りたいと思ったら分析してくれるわけです。実に便利な道具だとは思いませんか。

私たちはＡＩと共存していくことができると思います。

おわりに

「ゲーマーとしてＡＩと戦ったことがあります」

ゲームの世界ではＡＩはとてつもなく弱かったです。まったく話になりませんでした。トッププレイヤー時の自分だと百万回戦って百万回勝てるぐらいの力量差がありました。人とＡＩではそれぐらいの差がありました。

この力量差はアクションゲームだったから、というのもあるかもしれませんね。チェスや将棋などは決まりきったマスがあるゲームなので結果は違うのでしょう。

これは数年前の話ですが、ここまで弱かったＡＩがちょっとやそっと発展したぐらいでそこまで強くなると思えないんですよね。

ゲーマーとしては、ＡＩというものはピンとこないんです。

ゲームの世界では時代を先取りしたかのように人工知能の限界を体感しています。この流行はいずれ人工知能の限界を人々が理解するにつれて廃れていくでしょう。

今はＡＩのシステムが変わって効果的な機械学習ができるようになり、情報を収集して試行錯誤していくようになっているようですが、それでもＡＩはパターン化された動きしか知らず（集めた既存の情報と組み合わせしか知らず）、弱点だらけで、人のナチュラルな動きや創造的な動きに対応できるとは思えないんですよね。

ＡＩには突拍子もない動きはできないけれど、人は突然に面白い動きを見せることがあります。カクカクの動きのＡＩを瞬殺することは容易で、人とＡＩでは根本的に何かが違います。

それは今も変わっていない。

（仮に、ですよ。仮に現在のＡＩが私の動きをエミュレート（真似）して、完全コピーしたとしましょう。次の瞬間には新しい動きを打ち出して、ＡＩを倒すことができます。その新しい動きをコピーしてきても、また新しい動きを編み出して倒すことができるのです。勝手知ったる自分の動きですから、弱点も何もかも熟知しているので無限に真似されても新しい動きで倒し続けることができるのです。）

人間が持っている素晴らしい創造性に人工知能は永遠に追いつくことはできないと感じています。

武術の世界を追求したからこそ、人間の可能性には驚かされるばかりです。

人々が自分自身で気づいていない素晴らしい可能性を発見する一方で、ゲーマー時代に戦ったＡＩの何の変哲もない動きにはそこまでの可能性がないことを感じています。

私たちはパソコンを使うことでずいぶんと便利になりましたよね。それと同じように人工知能というアイテムを使うことで、ずいぶんと便利になっていくでしょう。しかし、あくまでもそれは単なる機械の便利さと変わりがなく、私たちが使う側であり、私たちが気づかなければならない立場にあることに変わりがありません。

さて、私たちが気づいていくというとき、これから人が追究すべきことは、単なる便利さなのでしょうか。

私は自己の能力を高め、気づき、人間について知れば知るほどに感じていることがあります。

人が本当に追求すべきことは、自己を発見していくことなのではないでしょうか。すべての人に素晴らしい可能性が内在しており、それを引き出していく方法を見つけ出していくことなのではないでしょうか。

もし、人が自分自身の可能性を切り拓き、それを知ったならば人生が素晴らしいものになると確信しています。武道の探究において私は次々と新しい扉を開いていき、驚嘆すべき人間の可能性を発見していきました。しかし、これは序の口なのです。探求の入り江に立っているに過ぎないのです。

自己発見という深遠なる旅ほど楽しいものはありません。

自分が何だったのか、ただ知るだけの事なのにこんな不思議な現象があるのか、と。感謝していれば人が強くなることも含めて、とても面白いと思うのです。

人々は、人工知能を研究することで自信を喪失していくかもしれません。それは便利な道具に慣れることによって、人類の能力が低下していくと共に起きることだと思います。それでも、私はこれからも探すでしょう。そして見つけるたびにそのことを皆さんにお伝えして、すべての人たち一人一人に素晴らしい可能性があると語り続けるでしょう。

自分たちの体と心には剣聖が体現していた凄まじい可能性が存在しているということ、過去の偉人たちが体現した素晴らしい可能性があるということ、あらゆる分野においてあらゆる可能性を持っており、まだまだ開発されていない能力が人間には潜在しているのだということを知ってもらいたいと思っています。

もし、それができるようになれば、どれほどの可能性が自分に眠っているのかを直観できるようになるでしょう。それは皆さんの想像を超えています。

心と体が解放された世界には、真の喜びしかないと思っています。体が自由になればなるほど無駄な力が抜けていく。そうして生まれた自由自在な動きの中には計り知れないほどの心地良さがあります。それを仕事に応用したら、生活に応用したら、どれだけ人々の生き方が豊かになるでしょうか。人はことさらに頭と体の固さに苦しんでいるけれど、本当の自分に出会ったならどれだけ喜びに満ちた人生になるのか。

私は私自身を通してそれを今体験しているし、ゲーマー時代に苦しんだ腰痛は武道を通して治り、凝り固まった体が柔らかくなることで自由な動きと自由な発想を獲得し、生きることがどんどんと楽しくなってきました。そして、これからもっと多くの喜びを体験していくことでしょう。

私はこれから一人ひとり、武道を通して出会う人たちにどうすれば頭と体を柔らかくして、自由に生きていけるのかを丁寧に分かりやすく教えていきたいと思っています。

ここまでお読みくださり、ありがとうございました。

２０１８年10月

真仙明

真仙 明（しんせん あきら）
1988年生まれ。引きこもりからゲーマーになり、オンラインゲーム（戦争アクション）に没入。世界ランキングトップ10にまで上りつめる。世界のトッププレイヤーと渡り合ううちに、その極意がそのまま武術に通じている事に開眼。以降、さまざまな武術流派の門を叩き、独自の視点から達人技を追究。24歳で「転神流」を創始し、自身の武術探究の傍ら、各所で指導を行なっている。
著書：『大人になってから身長を伸ばす方法』『たった１日で気を見つける方法』『転神白書』『魂を成長させる方法』（すべてAmazon Kindle）ほか。

装幀：谷中 英之
本文デザイン：中島 啓子

ゲームの極意が武術の秘伝
ゲーマーが武道の達人を目指した結果

2018年11月10日　初版第１刷発行
2018年12月30日　初版第２刷発行

著　　者　真仙 明
発 行 者　東口 敏郎
発 行 所　株式会社ＢＡＢジャパン
〒151-0073 東京都渋谷区笹塚1-30-11 ４・５F
TEL　03-3469-0135　　FAX　03-3469-0162
URL　http://www.bab.co.jp/
E-mail　shop@bab.co.jp
郵便振替 00140-7-116767
印刷・製本　中央精版印刷株式会社

ISBN978-4-8142-0167-9　C2075

BOOK Collection

弓道と身体 ～カラダの“中”の使い方～

「表面の筋力を使わずに“中”を使って力を起こす方法」、「止まっていても、いつでもどの方向へも動ける身体」、「全身くまなく意識を届かせる、“体内アンテナ”」常識練習ではなかなか届かない、こんな身体操法こそが欲しかった! 野球、サッカー、テニス、卓球、自転車…、剣道、柔道、空手、レスリング、ボクシング…、あらゆる運動能力をランク・アップさせる、あなたに必要な“極意”は、ここにあります!

●守屋達一郎 著　●A5判　●184頁　●本体1,600円+税

速く、強く、美しく動ける!

古武術「仙骨操法」のススメ

あらゆる運動の正解はひとつ。それは「全身を繋げて使う」こと。古武術がひたすら追究してきたのは、人類本来の理想状態である“繋がった身体”を取り戻すことだった! スポーツ、格闘技、ダンス、あらゆる運動を向上させる“全身を繋げて”使うコツ、“古武術ボディ”を手に入れろ! 誰でもできる「仙骨体操」ほか、古武術をもとにしたエクササイズ多数収録!

●赤羽根龍夫 著　●A5判　●176頁　●本体1,600円+税

仙骨の「コツ」は全てに通ず

仙骨姿勢講座

“うんこ我慢”は、よい姿勢。骨盤の中心にあり、背骨を下から支える骨・仙骨は、まさに人体の要。これをいかに意識し、上手く使えるか。それが姿勢の良し悪しから身体の健康状態、さらには武道に必要な運動能力まで、己の能力を最大限に引き出すためのコツである。本書は武道家で医療従事者である著者が提唱する「運動基礎理論」から、仙骨を意識し、使いこなす方法を詳述。

●吉田始史 著　●四六判　●230頁　●本体1,400円+税

何をやってもうまくいく、とっておきの秘訣

武術の“根理”

すべて武術には共通する“根っこ”の法則があります。さまざまな武術に共通して存在する、身体操法上の正解を、わかりやすく解説します。剣術、合気、打撃、中国武術…、達人たちは実は“同じこと”をやっていた!? あらゆる武術から各種格闘技、スポーツ志向者まで、突き当たっていた壁を一気に壊す重大なヒント。これを知っていれば革命的に上達します。

●中野由哲 著　●四六判　●176頁　●本体1,400円+税

感覚で超えろ!

達人的武術技法のコツは“感じる”ことにあった!!

接点の感覚で相手と自分の境界を消していく。次の瞬間、相手は自分の意のままとなる。感覚を研ぎ澄ませば、その壁は必ず超えられる! 力任せでなくフワリと相手を投げたり、スピードが遅いように見える突きがなぜか避けられない、不思議な達人技。その秘密は“感覚”にあった! 達人技の領域についに踏み込んだ、前代未聞の武術指南書。

●河野智聖 著　●A5判　●176頁　●本体1,600円+税

BOOK Collection

気分爽快！ 身体革命

だれもが身体のプロフェッショナルになれる!

3つの「胴体力トレーニング〈伸ばす・縮める〉〈丸める・反る〉〈捻る〉」が身体に革命をもたらす !! ■目次：総論　身体は楽に動くもの／基礎編①　身体の動きは三つしかない／基礎編②　不快な症状はこれで解消できる／実践編　その場で効く伊藤式胴体トレーニング／応用編　毎日の生活に活かす伊藤式胴体トレーニング

●伊藤昇　著／飛龍会　編　●四六判　●216頁　●本体1,400円+税

天才・伊藤昇と伊藤式胴体トレーニング 「胴体力」入門

武道·スポーツ·芸能などの天才たちに共通する効率のよい「胴体の動き」を開発する方法を考案した故・伊藤昇師。 師の開発した「胴体力」を理解するために、トレーニング法や理論はもちろんのこと生前の伊藤師の貴重なインタビューも収録した永久保存版。 月刊「秘伝」に掲載されたすべての記事を再編集し、膨大な書き下ろし多数追加。

●「月刊 秘伝」編集部 編　●B5判　●232頁　●本体1,800円+税

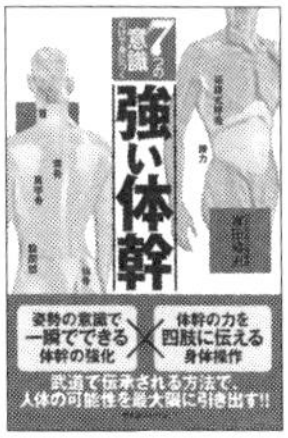

7つの意識だけで身につく 強い体幹

武道で伝承される方法で、人体の可能性を最大限に引き出す!　姿勢の意識によって体幹を強くする武道で伝承される方法を紹介。姿勢の意識によって得られる体幹は、加齢で衰えない武道の達人の力を発揮します。野球、陸上、テニス、ゴルフ、水泳、空手、相撲、ダンス等すべてのスポーツに応用でき、健康な身体を維持するためにも役立ちます。

●吉田始史 著　●四六判　●184頁　●本体1,300円+税

ウェーブストレッチリング 体幹強化トレーニング

～どんな体勢でも使える体幹力を Get ！～

筋膜リリース、伸ばす、ほぐす、引き締める、すべてができるリングで、過負荷のない多面トレーニングだから効く!!　ウェーブストレッチリングだから手に入る、“アトラス体幹姿勢”とは?　口腔、胸腔、腹腔の“内圧力”を高めていく体幹強化の新システム誕生!

●牧直弘 著　●A5判　●160頁　●本体1,400円+税

呉式太極拳·馬長勲老師 太極拳を語る 心と体を養う、推手の理解と実践

馬老師が信頼した弟子に伝えた先人の故事、伝統拳論、歌訣の解釈、自身の修業経験など、貴重な話を収録。武術と健身の奥深い真理は「家常話=よもやま話」の中に。その推手は“ 神手”と呼ばれる、伝統太極拳の現存するレジェンド─ 馬長勲老師の書は濃密で精錬、太極拳研究者なら必読です。

●馬長勲、王子鵬 著　●A5判　●316頁　●本体1,800円+税

Magazine

武道・武術の秘伝に迫る本物を求める入門者、稽古者、研究者のための専門誌

月刊 秘伝

古の時代より伝わる「身体の叡智」を今に伝える、最古で最新の武道・武術専門誌。柔術、剣術、居合、武器術をはじめ、合気武道、剣道、柔道、空手などの現代武道、さらには世界の古武術から護身術、療術にいたるまで、多彩な身体技法と身体情報を網羅。毎月14日発売（月刊誌）

A4 変形判　146 頁　定価：本体 917 円+税
定期購読料 11,880 円

月刊『秘伝』オフィシャルサイト

古今東西の武道・武術・身体術理を追求する方のための総合情報サイト

WEB秘伝

秘伝　検索

http://webhiden.jp

武道・武術を始めたい方、上達したい方、そのための情報を知りたい方、健康になりたい、そして強くなりたい方など、身体文化を愛されるすべての方々の様々な要求に応えるコンテンツを随時更新していきます!!

秘伝トピックス

WEB秘伝オリジナル記事、写真や動画も交えて武道武術をさらに探求するコーナー。

フォトギャラリー

月刊『秘伝』取材時に撮影した達人の瞬間を写真・動画で公開!

達人・名人・秘伝の師範たち

月刊『秘伝』を彩る達人・名人・秘伝の師範たちのプロフィールを紹介するコーナー。

秘伝アーカイブ

月刊『秘伝』バックナンバーの貴重な記事がWEBで復活。編集部おすすめ記事満載。

道場ガイド

情報募集中！カンタン登録！

全国700以上の道場から、地域別、カテゴリー別、団体別に検索!!

行事ガイド

情報募集中！カンタン登録！

全国津々浦々で開催されている演武会や大会、イベント、セミナー情報を紹介。